GOLDMANN VERLAG

Winfried

Bornemanns Briefmacken

Eine wirklich einmalige Nonsens-Korrespondenz

Mit Zeichnungen von
Arthur Peters

GOLDMANN VERLAG

Made in Germany · 11/87 · 1. Auflage
Genehmigte Taschenbuchausgabe

Illustration und Gestaltung: Arthur Peters
Umschlaggestaltung: Design Team München
Druck: Presse-Druck, Augsburg
Verlagsnummer: 8853
CG/Herstellung: Ludwig Weidenbeck
ISBN 3-442-8853-4

Winfried Bornemann

4504 Georgsmarienhütte, den 15.8.81

Am Fillerschloß 47

Verband der Deutschen Schirmindustrie
Geschäftsführung
Kaiserstr. 133
4050 MÖNCHENGLADBACH

Betr.: Schirmherrschaft

Sehr geehrter Herr Schellscheidt,

im Frühjahr 1982 erscheint ein neues Buch von mir. Es handelt sich hierbei um einen humorvollen Briefwechsel, den ich mit Firmen und Institutionen geführt habe. Alles ist soweit fertig. Da ist mir plötzlich aufgefallen, daß ich noch gar nicht die Schirmherrschaft -wie üblich - für dieses Buch vergeben habe. Deshalb ganz förmlich: sind Sie bereit, sich für dieses Amt zur Verfügung zu stellen? Es entstehen für Sie keine weiteren Verpflichtungen, Sie brauchen mir auch keinen Knirps zu schicken.

Mit besten Grüßen

Winfried Bornemann

1

Winfried Bornemann

4504 Georgsmarienhütte, den 14.8.81

Am Fillerschloß 47

Fackelträger - Verlag
Goseriede 1o -12

3000 HANNOVER 1

2

Sehr geehrte Herren,

da ich seit einigen Jahren gelegentlich zufriedener Leser Ihrer Produktionen bin, werden Sie Verständnis dafür aufbringen, wenn ich eine Frage an Sie richte.

Sie nennen sich FACKELTRÄGER VERLAG. Ein Name, der in meinen Ohren verstaubt klingt. Wer trägt denn - außer vielleicht Höhlenforscher - heute noch eine Fackel, wenn es um Erleuchtung geht? Wir leben im Zeitalter der Elektrizität und des Lichtschalters!

Sicherlich, Ihre Autoren Heinrich Zille oder Wilhelm Busch sind schon vor einer ganzen Weile leider verstorben - allein deshalb aber solch ein antiker Name?

Sie brauchen sich ja nicht gleich ATOM VERLAG zu nennen, wenn Sie Ihr Licht nicht unter den Scheffel stellen wollen, aber LIGHT PRESS oder STROM VERLAG klingt dynamisch, nach Energie!

Also fackeln Sie nicht mehr lange!

Mit diesem kleinen Denkanstoß habe ich Sie hoffentlich elektrisiert.

Winfried Bornemann

Fackelträger–Verlag

Verlagsleitung

Fackelträger-Verlag Schmidt-Küster GmbH
Postfach 1923
Goseriede 10 – 12
3000 Hannover 1
Telefon 05 11-1 46 48

Postscheckkonto Hannover (BLZ 250 100 30) 7108-305
Bankkonten: BfG, Hannover (BLZ 250 101 11) 10 095 257 00
Commerzbank, Hannover (BLZ 250 400 66) 3 139 383
Verkehrsnummer und BAG 11 865

Fackelträger-Verlag, Goseriede 10 – 12, 3000 Hannover 1

Herrn
Winfried Bornemann
Am Fillerschloß 47

4504 Georgsmarienhütte

Hannover, den 19. Aug. 1981
HR / Hs

Lieber Herr Bornemann,

Sie haben uns mit Ihrem Vorschlag, über unseren Verlagsnamen nachzudenken, tatsächlich elektrisiert. Bedauerlicherweise ist uns beim Büchermachen die Elektrifizierung unserer Arbeitswelt entgangen. Dabei haben wir verkabelte Schreibmaschinen und eine nur durch die Steckdose funktionsfähige EDV.

Über unseren Verlagsnamen nachzudenken, ist also angebracht.

Damit Sie sehen, wie ernst wir Ihren Vorschlag aufgenommen haben, lege ich Ihnen eine Zeichnung des unserem Hause verbundenen Grafikers Jupp Wolter bei. Sie können erkennen, in welche Richtung unsere Überlegungen gehen.

Mit Dank für Ihre Anregung grüße ich Sie freundlich.

FACKELTRÄGER-VERLAG
SCHMIDT-KÜSTER GMBH

Hans Rauschning

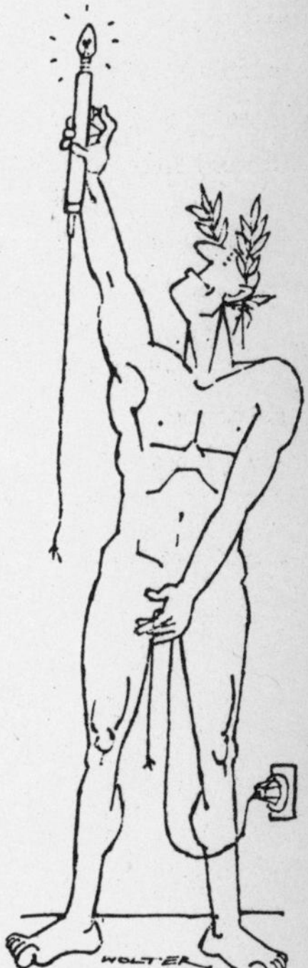

Winfried Bornemann

4504 Georgsmarienhütte, den 20.1.81

Am Fillerschloß 47

BARMER ERSATZKASSE
Geschäftsleitung
Postfach
45 Osnabrück

3

Betr.: <u>ERSATZKASSE</u>

Sehr geehrte Damen und Herren,

ich bin Vater von zwei temperamentvollen Söhnen im Alter von 5 und 6 Jahren. Zum diesjährigen Weihnachtsfest habe ich ihnen einen Kaufmannsladen geschenkt. Die anfänglich ungebremste Verkaufsfreude ist nun fast zum Erliegen gekommen. Grund: die Kasse ist verklemmt. Ich habe dieses Herzstück der Anlage trotz Schraubenzieher und Büchsenöffner (Empfehlung meiner Frau) nicht wieder gängig bekommen.
Um den Verdienstausfall meiner Söhne in Grenzen zu halten, möchte ich Sie bitten, mir doch umgehend eine ERSATZKASSE zuzuschicken. Sie kann ruhig aus Kunststoff sein und sollte nicht zu viel Technik haben. Die Rechnung legen Sie doch bitte in die Kasse.

Mit freundlichen Grüßen auch von meinen Söhnen

Winfried Bornemann

BEK

BARMER
ERSATZKASSE

Barmer Ersatzkasse · Postfach 18 29 · 4500 Osnabrück

Herrn
Winfried Bornemann
Am Fillerschloß 47

45o4 GM.-Hütte

Osnabrück
Große Hamkenstraße 33–34
(Unos-Passage)
Fernsprecher (05 41) 3 20 81

Postanschrift:
Postfach 18 29
4500 Osnabrück

Wir haben geöffnet:
Montag bis Freitag 9.00 bis 12.30 Uhr
außerdem Donnerstag 15.00 bis 17.00 Uhr

Ihre Zeichen	Ihre Nachricht vom	Unsere Zeichen (bitte angeben)	Sachbearbeiter	Datum
	2o.1.1981	Schu/ni	Herr Schulte	23.1.1981

Ersatzkasse - zuständige Zweigstelle Georgsmarienhütte

Sehr geehrter Herr Bornemann,

mit Bedauern haben wir vom bevorstehenden Zusammenbruch des jungen Unternehmens Ihrer Herren Söhne Kenntnis genommen.

Als Ersatzkasse fügen wir für den Übergang als Anlage ein eigens für Ihre Herren Söhne beschafftes Sparschwein bei. Da Ihren Söhnen besonders in dieser momentanen Krisenzeit ihr strahlendes Lächeln bewahrt bleiben soll, lassen wir Ihnen gleichzeitig für jeden einen Zahnputzbecher mit Zubehör zugehen.

Abschließend möchten wir noch erwähnen, daß für die Betreuung der Georgsmarienhütter Bürger die dort ansässige Zweigstelle zuständig ist. Aus Erfahrung wissen wir jedoch, daß Sie dort in Anbetracht des nahenden Frühlings so gut wie keine Lagerbestände mehr vorfinden. Wir können uns denken, daß auch Sie es bevorzugen, sich Ihre Zweige, die uns ein bißchen Leben ins Haus bringen sollen, selbst zu schneiden.

Ihrer Familie und Ihnen empfehlen wir uns

mit freundlichen Grüßen
BARMER ERSATZKASSE
Bezirksverwaltung Osnabrück

Anlagen

Winfried Bornemann

4504 Georgsmarienhütte, den 22.6.81
Fillerschloß

Deutsche Gesellschaft für Chirurgie
z.Hd. Herrn Prof. Junghanns
Auerfeldstr. 29
6 000 Frankfurt 60

4.

Betr.: Operationsbesteck für Camping und Freizeit

Sehr geehrter Herr Prof. Junghanns,

ich bin Hobbychirurg. Wenn andere Heimwerker an der Kreissäge stehen, führe ich für Freunde und Bekannte kleinere Operationen durch. Mal ist es der Blinddarm, mal entferne ich die Gallenblase. Nebenberuflich und preiswert, wie gesagt. Im Rahmen meiner langjährigen Praxis habe ich nun ein Operationsbesteck entwickelt nebst Leitfaden, das interessierten Laien helfen soll, kleinere Operationen im Urlaub und in der Freizeit selbst auszuführen. Das ganze möchte ich nun auf den Markt bringen unter dem Titel "Operieren-leicht gemacht."
Da nun größere Herstellungskosten anfallen, möchte ich in diesem Stadium mal den Fachmann befragen, ob ähnliche Vorhaben nach Ihrer Kenntnis bereits geplant und entwickelt sind? Vielleicht haben Sie auch Interesse an meinem in Arbeit befindlichen Leitfaden "Chirurg in 30 Tagen". Ich höre gern von Ihnen.

Mit besten Grüßen

Winfried Bornemann

im Dienst der Gesundheit

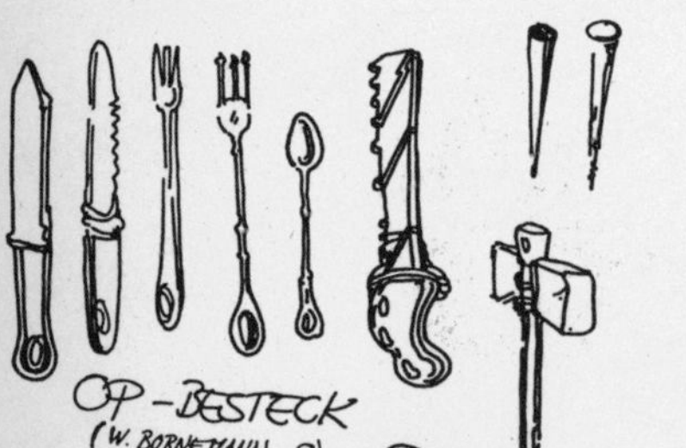

Professor Dr. med. Dr. med. h. c. H. Junghanns
Facharzt für Chirurgie · Unfallchirurgie

Auerfeldstraße 29
6000 Frankfurt/Main 60
Ruf (0611) 474133

Herrn
Winfried BORNEMANN

4504 Georgsmarienhütte
Fillerschloß

27.7.1981 J/B

Operationsbesteck für Camping und Freizeit

Sehr geehrter Herr Bornemann,

wie ich aus Ihrem Briefe vom 22.6.1981 schließen muß, sind Sie weder Facharzt für Chirurgie noch Arzt. Trotzdem beschäftigen Sie sich nebenberuflich und preiswert mit Operationen des Blinddarmes und mit Gallenblasenentfernungen.

Sie werden verstehen, daß eine wissenschaftliche Gesellschaft keine Veranlassung hat, Ihre Tätigkeit als Hobbychirurg, der nicht über die notwendige Ausbildung verfügt, zu unterstützen.

Mit Gruß

Junghanns

-Junghanns-

Das „Nachspiel" finden Sie auf der letzten Seite.

HIERMIT
ERNENNE ICH
SIE IM AUFTRAG
UNSERES HERREN
MINISTERS
GSCHEIDLE
ZUM
PRINZ EISENBRIEF

OK, GENEMIGT.
KLEB WOHL, OH BÜSTE
DEINES HERREN.
UND VERGISSMEINICHT
DIE POSTLEITZAHL
VON THULE

Winfried Bornemann

4504 Georgsmarienhütte, den 15.2.81

Am Fillerschloß 47

Geschäftsleitung

Köl n

5000 K

5

Betr.: Würfelzucker

Sehr geehrte Damen und Herren,

ich möchte Ihnen heute von einem Vorfall berichten, der sich bei einem Kaffeekränzchen meiner Mutter ereignet hat. Ich hatte mich bei dieser Festlichkeit bereit erklärt, den Damen zu servieren und sie kaffeemäßig zu verwöhnen. Die Kaffeekannen sind gefüllt, die Sahne geschlagen, der Kuchen geschnitten. Kurzum: es kann losgehen. Ich will noch eben den Würfelzucker nachfüllen. Ich reiße ein nagelneues Paket Ihrer Firma auf. Die Würfel sind ins Döschen gefallen. Obenauf liegt ein Würfel mit drei schwarzen Punkten... Ich stutze.. Drehe ihn um.... zwei-fünf.... ein richtiger Zuckerwürfel mit den Punkten von eins bis sechs. Rätselhaft.
Wie kommt dieser Würfel bloß in das Paket?
Haben sich Arbeiter einen Scherz erlaubt?
Spielen möglicherweise einige Arbeiter während der Schicht verbotene Glücksspiele, wo man einen Würfel braucht, den man bei Gefahr (Meister z.B.) schnell verschwinden lassen kann?
Handelt es sich vielleicht auch um eine mysteriöse neue "Zuckerkrankheit"?
Alles Fragen, die auch die Damenrunde beim Kaffeekränzchen nicht beantworten konnte. Ich bin sicher, daß Sie als Fachleute einige beruhigende Erklärungen für mich bereithalten, die ich auch den Damen mitteilen möchte.

Mit freundlichem Gruß

Winfried Bornemann

[redacted]
HAUPTVERWALTUNG

ZUCKERFABRIKE[redacted]

[redacted]- Postfach [redacted]

Postfac[redacted]
Telegr.-Adr.:[redacted]
Fernschreib[redacted]
Postscheck[redacted]
[redacted]
(Ve[redacted]

Herrn
Winfried Bornemann
Am Fillerschloß 47

45o4 Georgsmarienhütte

Die Firma wollte das So!

Abteilung: Industriezucker

Unser Zeichen	Schreiben vom	Ihr Zeichen	Tag
Schn/Bü	-	-	24.o2.1981

Betrifft:

Ihr Schreiben vom 15.12.1981

Sehr geehrter Herr Bornemann,

Ihre anschauliche Schilderung des weniger erfreulichen Tatbestandes mit dem gezinkten Würfelzuckerstück wird in unserer Sammlung einen Ehrenplatz erhalten. Sie können sich denken, daß ein solcher Vorfall in einem Bereich, der einige Millionen Pakete umfaßt, nicht gerade alltäglich ist.

Uns gefällt an Ihrem Brief, daß Sie einen Scherz, und nur um einen solchen kann es sich handeln (wir sind übrigens der Ansicht, daß es kein besonders guter Scherz ist) erkennen, und nicht gleich mit dem Kadi drohen.

Wir würden dieser dummen Sache gerne auf den Grund gehen und richten deswegen die Bitte an Sie, uns das Würfelzuckerpaket, falls noch vorhanden, zuzusenden. Ihre Auslagen möchten wir mit einem Zuckersortiment begleichen und hoffen, daß Ihnen unsere Spezialitäten gefallen.

Wir danken im Voraus und verbleiben

[redacted] freundlichen Grüßen

[redacted]

Anlage

Winfried B o r n e m a n n

4504 Georgsmarienhütte, den 24.2.81

Am Fillerschloß 47

6

Geschäftsleitung

BAYRISCHE SPIELBANK

GARMISCH - PARTENKIRCHEN

Marienplatz 13

8100 Garmisch Partenkirchen

Sehr geehrte Herren,

ich fand neulich eine Anzeige Ihrer Spielbank. Lange Zeit war der Spieler in mir verschüttet, doch nach Ihrer Anzeige könnte ich schon wieder. Nun ist das bei mir so: Im Laufe der Jahre hat sich bei mir infolge mehrerer kleiner und mittelgroßer Lottogewinne, Preisausschreiben und Automatengewinnen in Gaststätten ein beträchtliches Polster gebildet, das allein durch Urlaub und Essen nicht abgetragen werden kann. Ich habe dabei an Ihre Spielbank gedacht. Nun kenne ich mich allerdings in diesem Gewerbe nicht sonderlich gut aus. Ich habe schon mal hin und wieder Tischroulette gespielt, doch hat es mich schnell gelangweilt, da es immer nur um Groschen ging. Von Freunden habe ich nun gehört, daß es RUSSISCH ROULETTE absolut bringen soll. Es ist aber wohl nicht an allen Spielbanken konzessioniert. Deshalb meine Anfrage: Wie steht es in Garmisch mit diesem Spiel? Wie hoch sind die Gewinne ? Mich reizt gerade dieses Spiel, weil es etwas unüblich ist und ich mir nicht allzu viel darunter vorstellen kann. Klären Sie mich bitte auf, damit ich auch meine Frau durch Ihr offizielles Schreiben davon überzeugen kann, daß bei Ihnen der absolute Spielteufel tobt, wo ich nicht fehlen darf. Bis bald.

Mit kugeligem Gruß und drehbaren Wünsche

Winfried Bornemann

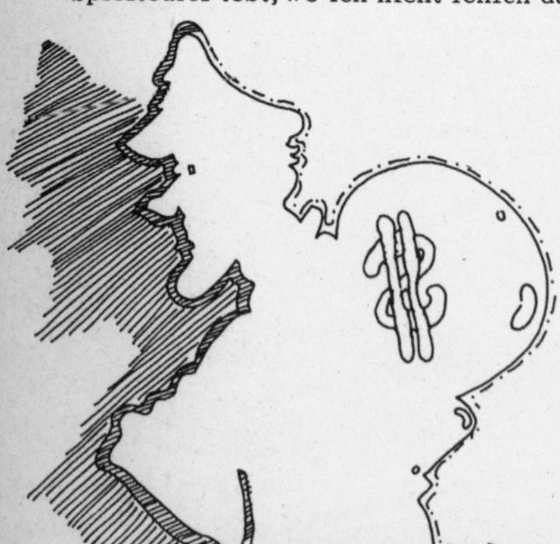

Bayerische Spielbank
Garmisch-Partenkirchen

Fast so gefährlich wie Blei und Quecksilber

Marienplatz 13, 8100 Garmisch-Partenkirchen

08.05.1981
we/ka

Herrn
Winfried Bornemann
Fillerschloß

4504 Georgsmarienhütte

Sehr geehrter Herr Bornemann,

so verschüttet lange Zeit die Spielleidenschaft in Ihnen schlummerte, so blind war offenbar ich als Leiter eines Spielcasinos für die besonderen Sorgen und Nöte potentieller Kunden, etwa, was deren Probleme der Abtragung von " Polstern ", womit natürlich finanzielle gemeint sind, betrifft.

Nun gibt es bei uns zwar kein Russisches Roulette. Denn dies zählt zu den riskanten, lebensgefährlichen Glücksspielen. Dafür spielen wir in Bayern Französisches Roulette zur Unterhaltung und Zerstreuung. Zu dem kann ich Sie herzlich einladen.

Was den Spielteufel angeht, so bevorzugen wir Spielelfen und Glücksfeen, die Sie vielleicht bei einem Besuch unseres Hauses entdecken können.

Mit weiß - blauen Rautengrüßen

(Werner
Direktor

8100 Garmisch-Partenkirchen, Marienplatz 13
Bayerische Vereinsbank Nr. 816019 (BLZ 703 200 90)
Telefon (08821) 5 3090/5 3099

Winfried Bornemann

4504 Georgsmarienhütte, den 24.1.81

Am Fillerschloß 47

7

Herrn

Gemeindedirektor

2852 BEDERKESA

Betr.: Die Gemeinden DRANGSTEDT - FICKMÜHLEN -HYMENDORF - FLÖGELN

Sehr geehrter Herr Gemeindedirektor,

ich hoffe, daß Sie für die oben aufgeführten Gemeinden zuständig sind, denn sie liegen ja alle in unmittelbarer Nähe von Bederkesa.

Ich bin mit meiner Familie gerade dabei, den diesjährigen Urlaub zu planen, bzw. ein Reiseziel festzulegen. Es reizt uns nicht, wieder nach Mallorca zu fahren, so daß wir uns gerade in unserem Hausatlas die deutsche Nordseeküste ansehen. Während ich noch mit dem Finger die Küste abfahre, merke ich plötzlich an meiner Frau eine Veränderung. Ich schwärme gerade von Bremerhaven und den Krabben, da schickt sie unsere beiden Söhne aus dem Zimmer. Anschließend klärt sie mich auf.

Es sind die oben erwähnten Ortschaften in Ihrer Nähe, die sie so peinlich berührt haben. Mein Finger drohte zum Zeigestock für unsere Kinder zu werden. Ich habe sie anschließend wieder etwas beruhigen können, denn man ist ja schließlich schon zwanzig Jahre verheiratet. Wenn es nach mir ginge, würde ich gern bei Ihnen Urlaub machen, zumal mich das Reizklima der See ungemein reizt. Meine Frau meint aber, daß wir wegen der Kinder schon allein nicht kommen können. Außerdem könne man ja auch keine Ansichtskarten verschicken: "Schöne Grüße aus Fickmühlen. Wir haben gerade in Flögeln Kaffee getrunken und wollen anschließend noch die Kirche in Hymendorf besuchen." Sie meint, das könne man der christlichen Verwandtschaft nicht zumuten. Ich bin da viel freier und unverklemmter, zumal ich mir vorstellen kann, daß wegen dieser Vorurteile der Touristen sicher noch günstige Zimmer zu kriegen sind.

Ich möchte Sie herzlich bitten, daß Sie auch im Interesse Ihrer Bürger meiner Frau eine beruhigende Antwort zukommen lassen, damit in den oben genannten Gemeinden der Verkehr mit den Fremden ständig zunehmen kann. Ich freue mich doch schon auf die Krabben und die Rollmöpse in Bremerhaven.

Mit vorurteilsfreiem Gruß

Winfried Bornemann

Erholungsgebiet

Bederkesa

— Landkreis Cuxhaven —

Zweckverband Erholungsgebiet Bederkesa
Verkehrsamt – Seebeckstraße 7 – 2852 Bederkesa

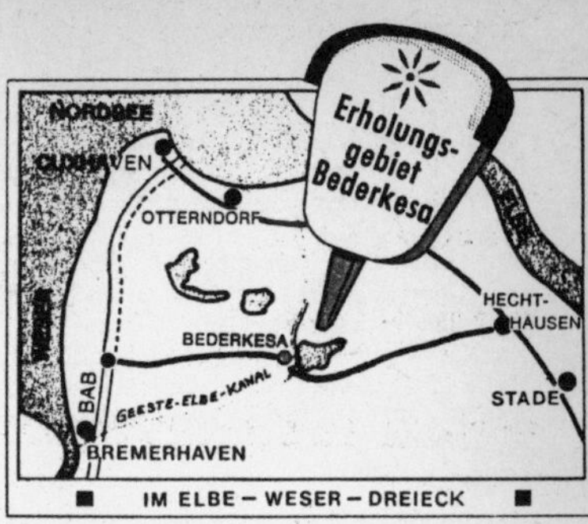

Herrn
Winfried Bornemann
Am Fillerschloß 47

4504 Georgsmarienhütte

Telefon: (0 47 45) 2 23
Kreissparkasse Wesermünde-Hadeln,
Hauptzweigstelle Bederkesa, Nr. 200 899 (BLZ 292 501 50)
Geestemünder Bank, Bederkesa, Nr. 14 044 002 (BLZ 292 200 53)

Bederkesa, den 03.02.1981

Sehr geehrter Herr Bornemann!

Herzlichen Dank für Ihre humorvollen Zeilen, die ich mit kräftigem Schmunzeln gelesen habe. Ich beantworte sie sehr gerne, gibt mir Ihr Brief doch Gelegenheit, einmal nicht unser sonst übliches Formschreiben auf Anfragen von Urlaubsinteressenten zu verwenden, sondern gezielt auf Ihre Fragen (und auch Feststellungen) einzugehen. Ich hoffe, daß dann auch Ihre Frau und die beiden Kinder "aufgeklärt" sind und gern der Reise ins Erholungsgebiet Bederkesa mit seiner "sündigen Meile" sprich Drangstedt - Fickmühlen - Hymendorf - Flögeln zustimmen!

Nun zunächst zur sachlichen Zuständigkeit: Sie haben (fast) vollkommen recht, die erwähnten Gemeinden bzw. Ortsteile gehören - bis auf Hymendorf - in unseren Zuständigkeitsbereich (= Samtgemeinde Bederkesa)! Hymendorf ist ein Ortsteil der Einheitsgemeinde Langen. Aber ein Prospekt auch dieser Gemeinde ("Langen - Neuenwalde") ist trotz "Nicht-Zuständigkeit" - die es im Fremdenverkehr bei so eng beieinander liegenden Orten eigentlich gar nicht gibt - beigefügt.

Und nun zur Beruhigung Ihrer werten Frau Gemahlin: Ich versichere Ihnen, daß es sich trotz der nicht eben wohlklingenden Namen um ganz harmlose Ortschaften handelt, die genau wie der zentrale Fremdenverkehrs- und staatlich anerkannte Luftkurort Bederkesa - eine hübsche, vielseitige Wald- Wiesen- und Moorlandschaft aufweisen, und die, da etwas abseits vom großen Rummel der direkten Küstenorte, eine besondere Ruhe ausstrahlen und in denen der Gast noch echt König ist. Übrigens bleibt Ihrer Gattin die Peinlichkeit des Schreibens der erwähnten Ansichtskarten erspart, diese Gemeinden und Ortschaften haben bisher meines Wissens keine eigenen Postkarten

- 2 -

ederkesa ist zu erreichen: per Auto über BAB Bremen–Bremerhaven–Cuxhaven, BAB-Abfahrt Spaden oder Debstedt oder aus Richtung Hamburg über 73 Hamburg–Buxtehude–Stade–Cuxhaven bis Hechthausen, dann über Lamstedt nach Bederkesa; per DB bis Bremerhaven Hbf, dann ab Bhf-Vorplatz DB-Bus bis Bederkesa.

herausgegeben. Umso mehr dürften die Prospekte und Ansichtskarten des gesamten Erholungsgebietes Bederkesa Ihre und auch die Zustimmung Ihrer Verwandtschaft finden.

Sollten Sie trotz des Studiums unserer Prospekte immer noch keinen Drang nach Drangstedt und Umgebung spüren und doch wieder nach Mallorca reisen, so schreiben Sie uns doch bitte eine Ansichtskarte von dort, damit ich meinen Gästen anhand des Bildes zeigen kann, wieviel schöner es hier ist...! Und ich esse dann für Sie Ihren Fisch in Bremerhaven (den es auch bei uns recht gut gibt!) Wohin Ihre Reise auch geht, ich wünsche Ihnen und Ihrer Familie viel Spaß und angenehmes Entdecken!

Sollten Sie sich für uns entscheiden, wäre ich glücklich, Sie im Verkehrsamt begrüßen zu dürfen - Kennwort "Sündige Meile"!

Mit freundlichen Grüßen

Im Auftrage

Müller

(Müller)

Wie gesagt: der ist für Weihnachten!

→ siehe S. 27

Winfried Bornemann

4504 Georgsmarienhütte, den 17.5.81

Am Fillerschloß 47

Deutscher Feuerwehrverband
z.Hd. Präs.Architekt A.BÜRGER
Koblenzer Str. 133

5300 BONN 2

Betr.: <u>LÖSCHPAPIER</u>

Sehr geehrter Herr Bürger,

in schwierigen Fragen des Lebens soll man sich gleich an den Fachmann wenden, so lautet ein alter Grundsatz meiner Großmutter. Was war geschehen?
Vor zwei Wochen hatten wir einen kleinen Zimmerbrand. Eine Kerze war umgekippt und hatte den Teppichboden ein wenig zum Lodern gebracht. Nichts für die großen roten Wagen mit der Leiter, sondern hier ist spontane Löschselbsthilfe nötig. Spritz..Doch schön der Reihe nach. Da wir keinen Feuerlöscher im Hause haben, sondern nur im Auto, mit dem aber gerade meine Frau unterwegs war, hatte ich eine Blitzidee: LÖSCHPAPIER!! Jetzt endlich konnten die großen Mengen Löschpapier zum Einsatz kommen, die ich in Schülerheften im Laufe der Jahre gefunden und einbehalten hatte, weil diese ohnehin mit dem Kuli schrieben. Ich stürze mich mit einem Stapel feinsten Löschpapiers auf die Flammen bzw. in die Flammen. Ersticken der Flammen, es wäre so schön gewesen. Sie ahnen den Ausgang. Nachdem nun wieder ein neuer Teppich (brandneu) liegt, der Schriftverkehr mit der Versicherung abgeschlossen ist, möchte ich Ihnen folgende Fragen stellen:

1. Sollten Sie sich nicht dafür einsetzen, daß der Name LÖSCHPAPIER geändert wird, weil er dem Bürger ein falsches Sicherheitsgefühl vermittelt?
2. Sind Ihnen schon öfter solche Vorfälle gemeldet worden?

Mit einem Brand in der Kehle grüßt Sie

Winfried Bornemann

DEUTSCHER FEUERWEHRVERBAND

BUNDESGESCHÄFTSSTELLE

Deutscher Feuerwehrverband, Postfach 200 269, 5300 Bonn 2

Herrn
Winfried Bornemann
Am Fillerschloß 47

4504 Georgsmarienhütte

A.-Z. 31.8 vor/wi

(Bei Antwortschreiben wird um Angabe des obigen Geschäftszeichens gebeten.)

Ihr Zeichen

Ihre Nachricht vom 17.5.81

BONN 26.5.1981

Betr.: Löschpapier

Sehr geehrter Herr Bornemann,

ich bestätige den Eingang Ihres obigen, an unseren Präsidenten gerichteten Briefes. Da Herr Präsident Bürger gegenwärtig mit der Vorbereitung der Internationalen Wettkämpfe in Böblingen sehr stark belastet ist und sich laufend auf Dienstreise befindet, hat er mich gebeten, Ihnen den Brief direkt zu beantworten. Im ersten Moment habe ich nach dem Lesen Ihres Briefes etwas geschmunzelt, welches sich dann jedoch schnell in ein ernsthaftes Nachdenken verwandelte. Bisher sind uns solche Verwechslungen, die ohne weiteres im Bereich des Möglichen liegen, noch nicht bekanntgeworden, um Ihnen hiermit gleich Ihre zweite Frage zu beantworten. Sosehr man im ersten Moment eine bei Ihnen vorgekommene Irreführung aufgrund des Namens für ausgeschlossen hält, ist es doch sehr naheliegend, wenn man die gesamte Angelegenheit sorgfältig überprüft. Ich hoffe, daß Ihnen durch die vorgekommene Verwechslung beim Löschversuch nicht noch ein größerer, sonst vermeidbarer Schaden am Teppichboden entstanden ist. Durch Ihre bösen Erfahrungen nachdenklich geworden, muß ich Ihnen bestätigen, daß der Name LÖSCHPAPIER tatsächlich in der Bevölkerung zu Irrtümern Anlaß geben kann. Da dieser Begriff aber andererseits eine sehr alte und landauf, landab eingebürgerte Bezeichnung für das Saugpapier zum Aufnehmen von Flüssigkeiten (u.a. Tinte) ist, wird es erhebliche Probleme geben, hier einen Namenswandel vorzunehmen. Unabhängig davon werden wir uns aber beim Deutschen Institut für Normung (DIN) dafür einsetzen, den Namen Löschpapier in einen anderen zu ändern, der weniger zu Irreführungen Anlaß gibt. Abschließend darf ich mich für Ihr Schreiben recht herzlich bedanken.

Mit freundlichen Grüßen

Reinhard Voßmeier

Präsidialkanzlei: 7214 Zimmern o. R. 1, Rottweiler Str. 21, Postfach 25, Ruf (0741) 7369
Bundesgeschäftsstelle: 5300 Bonn 2, Koblenzer Str. 133, Postfach 200269,
Ruf 331093 (nach Dienstschluß 473333)

Präsident Architekt Albert Bürger
Bundesgeschäftsführer Reinhard Voßmeier

Winfried Bornemann

4504 Georgsmarienhütte, den 27.2.81

Am Fillerschloß 47

Geschäftsleitung

[redacted]

Postfach

[redacted]

9

Betr.: DEKORATIONSPUPPE

Sehr geehrte Damen und Herren,

es gibt Briefe, die einem nur schwer aus der Maschine gehen. Dieser gehört dazu. Wie fängt man an? Man will nicht mit der Tür ins Haus Fallen. Dennoch: Ich bin viel allein. Inzwischen bin ich in dem Alter, wo andere längst eine Frau gefunden haben oder sich aber wenigstens einen Hund angeschafft haben. Mir gelingt nicht einmal das letztere, weil mein Hauswirt etwas dagegen hat. So sitzt man auf der Bude oder geht ins Kino. Ich brauch unbedingt Gesellschaft. Von meinen Aufenthalten in Göttingen (Eltern) weiß ich, daß die Schaufensterpuppen von [redacted] täuschend echt gemacht sind, lebensecht und fast lebendig. Ich möchte deshalb bei Ihnen anfragen, ob Sie mir eine der Puppen überlassen könnten, damit bei mir zuhause ständig jemand auf mich wartet, mit dem ich mich unterhalten kann, bzw. dem ich was erzählen kann und der dann nicht weghört.

Mit freundlichem Gruß

Winfried Bornemann

ZENSUR

[redacted]

Sekretariat -/Ha.

[redacted]ngesellschaft
[redacted]

Herrn
Winfried Bornemann
Fillerschloß

4504 Georgsmarienhütte

Tag 20. Mai 1981

Sehr geehrter Herr Bornemann!

Wir haben alle Ihre Schreiben erhalten, waren aber zunächst der Meinung, daß wir Ihnen darauf nicht antworten müssen. Da Sie aber so beharrlich darauf bestehen, müssen wir Ihnen zu unserem Bedauern mitteilen, daß wir Ihnen aus grundsätzlichen Erwägungen die gewünschte Dekorationspuppe nicht überlassen können.

Darüber hinaus sind wir der Auffassung, daß ein solch toter Gegenstand Ihnen bei der Lösung Ihres Problems mit Sicherheit nicht helfen kann.

Es gibt in fast allen Städten Anlaufstellen für einsame Menschen, wie Sie es zu sein scheinen, die bestimmt besser helfen können, als eine Dekorationspuppe.

Vielleicht sollten Sie auch einmal den Versuch unternehmen, sich in ärztliche Behandlung zu begeben, damit Ihnen dort geholfen wird.

Bitte haben Sie aber für unsere Absage Verständnis.

Mit freundlichen Grüßen
[redacted]
Sekretariat

[redacted]

[redacted]

Winfried Bornemann 4504 Georgsmarienhütte, den 18.6.81

FILLERSCHLOß

10

Exil CDU

Herrn Dr. J. Baptist Gradl

Manfred von Richthofen Str. 2

1000 BERLIN 42

Sehr geehrter Herr Gradl,

im Beisein meines hochgeschätzten Freundes Dr. Barth fällt in einer politischen Diskussion der Name Ihrer Vereinigung. Erst glaubte ich an einen Versprecher, doch einer der Anwesenden konnte mir Ihre werte Adresse geben. Allerdings war es so, daß niemand genau wußte, welche politischen Inhalte Sie vertreten. Man ergoß sich in Mutmaßungen. Einer meinte, daß in Ihrer Vereinigung alle jene CDU Politiker zusammengeschlossen sind, die der CDU ideologisch den Rücken gekehrt haben, ein anderer glaubte, daß man in Berlin statt Opposition einfach das Wort Exil verwendet, was mit dem Vier-Mächte-Status zusammenhängen soll.
Demnach müßten Sie ja jetzt in Auflösung begriffen sein, da die CDU in Berlin endlich die Mehrheit bekommen hat.
Ich liebe es nicht, daß in politischen Fragen spekuliert wird, so daß ich Sie bitten möchte auch aus Interesse an Ihrer Arbeit, mir einige Zeilen über Ihr wahres Tun zukommen zu lassen. Ich werde das unverzüglich meinen Freunden Mitteilen.

Mit freundlichem Gruß

„Das einzige, was hilft, ist Härte"

HRISTLICH-DEMOKRATISCHE UNION DEUTSCHLANDS
00 BERLIN 42, MANFRED-VON-RICHTHOFEN-STRASSE 2 TELEFON: 785 80 50 u. 785 80 59

IL-CDU

den 26. Juni 1981 Kr/vJ.

Herrn
Winfried Bornemann
Fillerschloß
4504 Georgsmarienhütte

Sehr geehrter Herr Bornemann !

Ihr freundliches Schreiben an Herrn Dr. Gradl soll ich Ihnen beantworten. Gern gebe ich Ihnen Auskunft über unsere EXIL-CDU, ein als Landesverband Mitteldeutschland anerkannter Parteiverband der CDU in der Bundesrepublik. Die CDU wurde 1945 in Berlin gegründet und zugleich in allen 5 Ländern Mitteldeutschlands: Brandenburg, Mecklenburg-Vorpommern, Sachsen, Sachsen-Anhalt und Thüringen. Der anfangs scheinbar gelungene Versuch, eine christlich-demokratische Partei in der sowjetisch-besetzten Zone zu schaffen, mißlang dann Ende 1947. Die sowjetische Besatzungsmacht setzte den Hauptvorstand der CDU ab und verbot ihm das Betreten Ostberlins. Im Verlauf der weiteren Jahre 48-49 wurde dann von der Sozialistischen Einheitspartei und der sowjetischen Roten Armee alle Landes- und Kreisverbände gleichgeschaltet auf sozialistisch-marxistische Arbeitskreise. Viele Freunde der CDU, die Funktionen und Ämter übernommen hatten, wurden verschleppt und verhaftet. Viele konnten sich durch Flucht in den freien Westen retten. 1949 stellten wir fest, daß von den frei gewählten Delegierten des letzten Parteitages der CDU der sowjetischbesetzten Zone in Ostberlin fast zwei Drittel sich in Berlin-West oder in der übrigen Bundesrepublik befanden, also im eigenen Vaterland, aber im Exil, nicht mehr in ihrer Heimat.

Die Exil-CDU ist also die legitime, legale Christlich-Demokratische Union der sowjetisch besetzten Zone für Mitteldeutschland solange bis in Mitteldeutschland freie Wahlen möglich werden.

Ich hoffe, in diesen kurzen Darlegungen Ihnen genügend Informationen über unsere Exil-CDU gegeben zu haben.

Mit guten Wünschen und freundlichen Grüßen

Ihr

(Alfred Krause)

geschäftsführendes Hauptvorstandsmitglied der Exil-CDU

Winfried B o r n e m a n n

4504 Georgsmarienhütte, den 18.2.81

Am Fillerschloß 47

Geschäftsleitung
TESAFILM
Unnastr. 48

2000 HAMBURG 20

11

Betr.: Filmverzeichnis

Sehr geehrte Damen und Herren,

ich bin Mitglied eines Filmclubs, der es sich zur Aufgabe gemacht hat, junge Leute mit wichtigen und spannenden Filmen bekannt zu machen. So haben wir beispielsweise einen Dokumentarfilm über Soraya gebracht und uns filmisch mit den Problemen der Pubertät auseinandergesetzt. Auf der Suche nach neuen Filmen habe ich von einem Bekannten Ihre Anschrift bekommen. Es wurde mir gesagt, daß Ihre Filme relativ preiswert zu bekommen seien. Ich möchte Sie deshalb recht herzlich um die Zusendung Ihrer Filmliste bitten. Hoffentlich sind Ihre Rollen nicht zu groß. Der Durchmesser dürfte nicht mehr als 45 cm betragen.

Hochachtungsvoll

Winfried Bornemann

Beiersdorf AG **BDF●●●●**

Beiersdorf AG, Unnastrasse 48, D-2000 Hamburg 20

Unnastrasse 48, Hamburg 20
Telefon (040) 5 69-1
Telex 02 15 795 bdf d
Telegramme Beiersdorf Hamburg

Herrn
Winfried Bornemann
Am Fillerschloß 47

4504 Georgsmarienhütte

Ihre Zeichen	Ihr Schreiben vom	Unsere Zeichen	Durchwahl	Datum
-	-	3626-Krs-Kt	569- 2610	06.04.81

Sehr geehrter Herr Bornemann,

wir danken Ihnen für Ihr Schreiben, das durch ein Versehen liegenblieb.

Es muß sich um eine Verwechslung handeln, wir stellen kein Filmmaterial für Filmer her, sondern ausschließlich den bekannten tesafilm - und der ist in der Tat preiswert, aber wir glauben nicht, daß Sie damit etwas anfangen können.

Mit freundlichen Grüßen
B e i e r s d o r f AG
i.A. i.A.

Krause Winter

Registergericht
Hamburg HRB 1787

bbn 40 05800 9

Vorstand: Dr. Hellmut Kruse, Vorsitzender,
Dr. Peter Knappertsbusch, Dr. Martin Mohs,
Dr. Ulrich Nafe, Jürgen Peddinghaus,
Hans-Otto Wöbcke.
Vorsitzender des Aufsichtsrats: Georg W. Claussen.

Dresdner Bank Hamburg, Nr. 4 310 834 00
Landeszentralbank Hamburg, Nr. 200 07341
M. M. Warburg-Brinckmann, Wirtz & Co Hamburg,
Nr. 236 640
Postscheckkonto Hamburg, Nr. 43-203

Winfried Bornemann

4504 Georgsmarienhütte, den 20.4.
Am Fillerschloß 47

Playboy Berater - Redaktion
Augustenstr. 10
8 München 2

12

Betr: Anfrage und Beratung

Seit etwa drei Jahren habe ich eine sehr intensive und heftige Brieffreundschaft. Schockiert hat mich nun die Mitteilung meiner Mutter, daß dieser vor-eheliche Briefverkehr schädlich sein soll. Sie hat mir empfohlen, Mäßigung zu üben und nur noch kalte Umschläge zu verwenden. Was soll ich tun? Empfehlen Sie eine Fortführung dieser innigen Briefbeziehung oder soll ich mich der Lebenserfahrung meiner Mutter beugen?

Mit ratlosen Grüßen

Winfried Bornemann

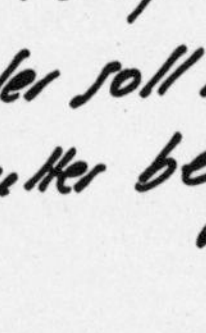

DRUM BRIEFE, WER SICH EWIG BINDET (SÄCHSISCHE WEISHEIT)

DER PLAYBOY BERATER

Wieso wird der Hummer rot, wenn man ihn kocht? – T. L., Hagen.

Hummer lagern Farbstoffe jener Pflanzen, denen sie ihren Bedarf an Vitamin A entnehmen, in ihrem Panzer ein. Dabei werden die rotfärbenden Kohlenwasserstoffmoleküle mit tierischem Eiweiß umhüllt. Wird der von Natur aus gelbbraune bis blaue Hummer in siedendes Wasser geworfen, gerinnt das Eiweiß und kann die Karotinoide nicht mehr binden. Folge: Der Hummer wechselt die Farbe.

Frauen, die „eine Wolke" sind, faszinieren mich. Gibt es anregende Literatur über Parfüme? – G. K., Heinersreuth.

Die frühesten Lobpreisungen auf die Düfte süßer Frauen finden Sie in der Bibel (Das Hohelied Salomos) und in den „Märchen aus Tausendundeiner Nacht". In der Bayerischen Staatsbibliothek zu München können Sie in den „Abhandlungen zur Morgenlandkunde" (Jahrgang 1966) Parfümrezepturen studieren, die ein Araber namens Kindi im neunten Jahrhundert aufgeschrieben hat. Im Fin-de-siècle-Roman „A rebours" schildert der Pariser Joris-Karl Huysmans 1884 eine Leidenschaft für Düfte, die zum Delirium führt (Titel der deutschen Ausgabe von 1965: „Gegen den Strich"). 1974 erschien Françoise Sagans verschwärmtes Sachbuch „Ein Hauch von Parfüm". Sittengeschichtliches von der Riechlust – Kenner sagen Osphresiolagnie – enthüllt das „Liebeslexikon" des PLAYBOY-*Autors Ernest Bornem*
Nasologisch, so berichtet er, zeich
besonders die Zivilisation der In
im Mittelalter über Südamerika
Die schönsten Indianermädchen d
mußten sich vor ihrem Regenten vers
wenn er eine neue Braut begehrte. Ers
alle tanzen, dann entkleiden: nicht der
schwung der Tänzerinnen, sondern vor d
der Duft ihrer Hemden entschied, we
seine Sylvia werden durfte.

Seit meine Freundin schwanger ist, lebt sie in einer Lesben-Kommune. Wir treffen uns nur noch selten, denn sie will unbedingt in ihrem eigenen Bett schlafen, und ich übernachte nicht gern in ihrer Wohngemeinschaft. Auf das Angebot, mit mir gemeinsam eine Wohnung zu nehmen, geht meine Freundin nicht ein. Sie behauptet, für ihre Selbstverwirklichung sei es günstig, allein auf sich gestellt das Kind auszutragen. Ich steig' da nicht mehr durch. Was steckt eigentlich hinter diesem Rückzug? – R. W., Berlin.

Die Gefühle lesbischer Frauen sind nicht viel anders gestrickt als die heterosexueller Frauen. Will eine Mutterfreuden, muß sie also auch mit Männern ins Bett gehen. Denn

der technischen Möglichkeit, sich von einem anonymen Spender aus der Samenbank schwängern zu lassen, vertrauen begreiflicherweise nur wenige: Man möchte die Eigenschaften des Konstrukteurs doch ger
genauer kennen. Möglich also, d
Freundin Sie bloß als Erzeu
fand, im übrigen aber

Gebr

Sie sollten, lieber Herr
Bornemann, Ihrer Frau Mama
die kalten Umschläge verpassen !

in

Ich
Mon ... Geld
müßte ... ne ich mit
meinen ... Französisch- und
Englisch ... ssen einigermaßen durch?
In welchem Hotel müssen wir absteigen, um die große Welt zu treffen? – R. B., Saarlouis.

Als Adresse empfehlen wir Ihnen die Vier-Sterne-Herberge Loews, wo auch die Nachtklub-Königin Regine, die Herzogin von Bedford, Sophia Loren und Sean Connery gelegentlich logieren. Vertrauen Sie darauf, daß die monegassischen Domestiken Deutsch verstehen. Und sorgen Sie sich nicht, daß man Ihr Geld zurückweisen würde. Lassen Sie einfach Ihren großen Auftritt durch den ehemaligen Bundeswehroffizier Norbert Zink arrangieren (Telefon 08 31/2 72 32). Der Kemptener kalkuliert fünftägige Monte-Carlo-Trips inklusive Chips, Hotel und Flug (ab Frankfurt) für Mann – und Maus – mit runden 15 000 Mark.

Irish coffee schätze ich, Rüdesheimer Kaffee ist mir bekannt. Gibt es eigentlich noch weitere spirituell verstärkte Kaffees? – H. K., Löhne.

Jede Menge. Kalt getrunken wird Kahlúa, ein Cafélikör, auf den man Schlagsahne appliziert. Im Sambuca, einem italienischen Anisgeist, schwimmen Kaffeebohnen, die man zerkaut, um dann die Zunge im Schnaps zu baden. Zum Nikolaschka wird eine Tasse kalter Kaffee mit 4 cl Brandy bereichert; obenauf soll eine Zitronenscheibe
schwimm ... halb mit Zucker bedeckt und
mi ... spitze Kaffeepulver gepu-
... rt man Café Apricot (mit
... d Café Cointreau, Café
... Café Orange: Der je-
... in den dampfenden
... dann mit braunem
... nur leicht geschla-
... für den friesischen
... es Stück Kandis
... eßt Rum, dann
... önt dick mit
... schließlich
... das schluck-
... d.

... letzter
... igung
... aup-
... heit
... ei-
... nge-
... genommen
... ätigte Frauen den
... herausgefordert haben?
... man einer Frau ihre Arglosig-
... glauben, wenn sie bei einem betrunkenen Fremden übernachtet? – G. K., Rastatt.

Richtig ist, daß viele Frauen gelegentlich von einem Gewaltakt träumen. Dahinter steht der Wunsch nach einem sexuellen Abenteuer, das zu nichts verpflichten soll. Doch bleiben bei solchen Phantasien die persönlichen Vorlieben intakt – die meisten Träumerinnen möchten nur vom Typ ihrer Wahl überfallen werden. Bei tatsächlichen Vergewaltigungen wurde statistisch festge-

DER BRIEFTRÄGER WEIGERT SICH UNSINN
FANS KLAUEN MEINEN BRIEFKASTEN!!
BORNEMANNS ALPTRAUM
!
BOB HOPE KLAUT MEINE GAGS
ICH WERDE FÜR VOLL GENOMMEN
Schon wieder

TRAGEN !
EINER SCHREIBT MIR DAUERND NONSENSBRIEFE !!
MEINE FRAU MACHT NICHT MEHR MIT !
DIE POST STREIKT !
Hans Apel schreibt das Vorwort !!
ICH KOMME SCHON WIEDER VOR DEN KADI !!
MEINE ZUNGE ZU SCHWER ZUM BRIEFMARKENLECKEN !!
KEINER NIMMT MICH ERNST !!!

Winfried B o r n e m a n n

4504 Georgsmarienhütte, den 25.2.81

Am Fillerschloß 47

13

Geschäftsleitung
BAUKNECHT
Postfach
7000 Stuttgart 1

Betr.: Ihre Anzeige: "BAUKNECHT weiß, was Frauen wünschen"

Sehr geehrte Damen und Herren,

in vielen Werbeanzeigen Ihrer Firma finde ich den oben genannten Slogan. Ich gebe offen zu, daß mich dieser Spruch bis zu meiner Heirat im letzten Jahr kaum interessiert hat. Inzwischen hat sich die Situation aber dramatisch verändert. Meine Frau hat mir schon wiederholt vorgeworfen, daß ich nicht in der Lage sei, ihr die Wünsche von den Lippen abzulesen. So sehr ich auch auf die Lippen achte, ich kann keine Wünsche entdecken. In dieser Situation ist mir wieder Ihre Anzeige eingefallen. Es scheint ja demnach Wünsche zu geben, die allen Frauen gemeinsam sind. Ich möchte Sie recht herzlich bitten, mir diese Wünsche einmal mitzuteilen, damit meine Frau mit mir wieder zufriedener ist. Ich werde ihr auch nicht gleich verraten, daß Sie mir den Tip gegeben haben. Ich bin gespannt auf Ihre Antwort.

Mit freundlichen Grüßen

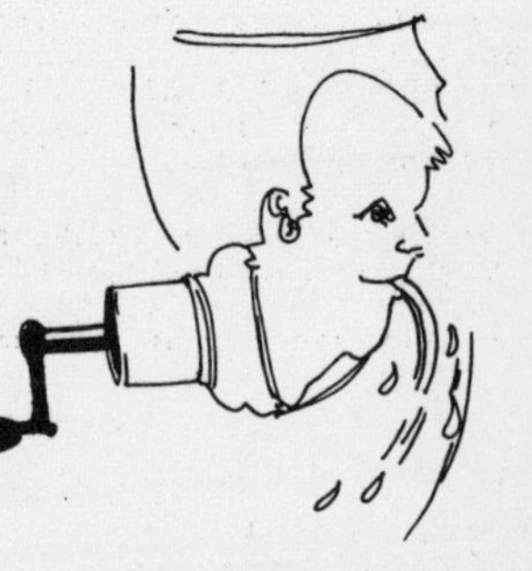

Bauknecht

G. Bauknecht GmbH Postfach 983 7000 Stuttgart 1

G. Bauknecht GmbH

Herrn
Winfried Bornemann
Am Fillerschloß 47

4504 Georgsmarienhütte

Gleitende Arbeitszeit:
Kernzeit 8.30–15.30 Uhr

Ihre Zeichen	Ihre Nachricht v.	Unsere Zeichen	Telex	Hausruf	Heidenklinge 22 7000 Stuttgart 1
	25.02.81	HV-WEL mä-t Herr Mämecke	07 2520-	343	27.02.81

Anzeige "Bauknecht weiß, was Frauen wünschen"

Sehr geehrter Herr Bornemann,

da wir es einfach nicht verantworten können, wenn Ihre Gattin Ihnen zürnt, wollen wir Ihr Schreiben sofort beantworten, denn natürlich wissen w i r, was Frauen wünschen.

Zuerst einmal einen netten, zuvorkommenden Ehemann, wie Sie zweifellos einer sind. Daran kann es also nicht liegen, wenn der Haussegen schief hängt.

Gehen wir den Dingen weiter auf den Grund: Alle Frauen wünschen sich natürlich eine moderne, wohnliche Küche mit zeit-, kräfte- und arbeitssparenden Hausgeräten, beispielsweise eine Bauknecht-Komplettküche. Vielleich werfen Sie einmal einen Blick in das jetzige Reich der Hausfrau, ob es wirklich allen Vorstellungen einer jungen, fortschrittlichen Hausfrau entspricht. Sollten Ihnen hier Zweifel begegnen, wären wir den wirklichen Ursachen sicher schon recht nahe. Damit Sie sofort Gegenmaßnahmen ergreifen können, fügen wir diesem Schreiben unseren neuesten Küchenprospekt bei. Geben Sie ihn Ihrer Gattin doch einfach einmal zum Anschauen... Schon die farbenfrohen Abbildungen werden sie begeistern und sie veranlassen, ihr Urteil über Sie zu berichtigen.

Sollte es jedoch nicht an den Küchenmöbeln liegen, dann vielleicht an den Einbaugeräten, die nicht mehr dem neuensten Stand entsprechen. Es ist ja einfach erstaunlich, was die moderne Industrie heute an Techniken und an Bedienungskomfort bietet....

Vorsitzender des Aufsichtsrates: Dr. Reinhard Blasig
Geschäftsführer: Günter Bauknecht, Gert Bauknecht
Sitz der Gesellschaft: Stuttgart
Registergericht: Stuttgart Nr. HRB 887

Fernsprecher (0711) 6665-1
Fernkopierer 0671160 50 34
Fernschreiber Stuttgart 07-2520-0
Telegramm Bauknechtmotor
Postscheckkonto Stuttgart 148 28-700 BLZ 600 100 70
Deutsche Bank, Stuttgart 1 157 999 BLZ 600 700 70
Bank of America, Stuttgart 10 016 018 BLZ 600 309 00
Dresdner Bank AG, Stuttgart 9 008 676 BLZ 600 800 00
Commerzbank AG, Stuttgart 5 434 170 BLZ 600 400 71

Bauknecht

Blatt 2 zum Schreiben vom 27.02.81 HV-WEL mä-t an Herrn Winfried Bornemann, Am Fillerschloß 47, 4504 Georgsmarienhütte

Davon ist jede Hausfrau fasziniert. Damit Sie auch zu diesem Bereich gewappnet sind, fügen wir unseren Einbaugeräte-Prospekt bei.

Wir sind sicher, daß Sie Ihrer sehr verehrten Frau Gemahlin auf einmal in einem ganz anderen Lichte erscheinen werden, wenn Sie mit ihr einmal über moderne Küchen oder zukunftsichere Hausgeräte sprechen in der Absicht, ihr das Leben etwas angenehmer zu gestalten. Wir Männer achten ja sehr genau auf einen freundlichen und angemessenen Arbeitsplatz - warum soll es da nicht auch die Ehefrau an i h r e m Arbeitsplatz ein wenig freundlicher haben ?

Wir würden uns sehr freuen, wenn wir mit unserer Vermutung den Grund der Verstimmung Ihrer Gattin gefunden hätten und sind bescheiden genug, Ihnen zuzugestehen, selbst auf die Idee gekommen zu sein.

Als kleines Tüpfelchen auf dem I fügen wir eine Kleinigkeit bei, mit der Sie Ihrer Gattin sicher eine Freude bereiten werden, damit sie auch uns in guter Erinnerung behält.

Vielleicht schreiben Sie uns einmal, wie alles ausgegangen ist. Sollten wir Sie noch weiter unterstützen können, stehen wir gern zur Verfügung.

Mit freundlichen Grüßen
G. Bauknecht GmbH
- Werbeleitung -
ppa.

Anlage

Brösel, Fussel, Flusen, Flocken, Krümel, Zigarettenasche auf Tischen, Kleidung, in Ritzen, Regalen, Sesseln, Autos d Wohnwagen.

EK 1260 - Ba - 30.000 - 6.78

Winfried B o r n e m a n n

4504 Georgsmarienhütte, den 19.4.81

Am Fillerschloß 47

Sehr geehrter Herr Mämecke,

erst einmal recht herzlichen Dank für Ihren einfühlsamen Brief, die Küchenprospekte und die beiden boxhandschuhähnlichen Topflappen. Die letzteren verwenden meine Frau und ich sehr häufig, und das kam so: Ihre Tips und Prospekte im Rücken bin ich auf meine Frau zugegangen und habe sie um eine kleine Unterredung gebeten, in der Küche selbstredend! Ich habe ihr die Vorgeschichte mit Ihnen gebeichtet und nach geraumer Zeit die Prospekte unter dem Tisch hervorgeholt. Putzblanke Küchen und Geräte von BAUKNECHT. Unsere sterilweißen Hängeschränke dagegen, durch Fingerabdrücke entstellt. Ich blättere.... ich lächele. Ein Wink mit dem Zaunpfahl. Denke ich. Stattdessen erhebt sich ein Gewitter, das sicher auch unseren Nachbarn nicht verborgen geblieben ist. Originalton meiner Frau:" Das könnte dir so passen. Ich bekomme eine neue Küche, damit nichts anbrennt und ich meine Beschäftigung und Freude habe. Ich w i l l nicht in die Küche, nicht mehr als du auch. Kauf du dir doch ne neue Küche und bezahl mir ne anständige Urlaubsreise"...und so weiter. Dann kamen Ihre Topflappen ins Spiel. Boxhandschuhähnlich, wie gesagt. Da steh ich nun mit meinen Prospekten. Sie und ich haben es gutgemeint." Kauf dir doch ne neue Küche"...ich denke oft daran. Weiß BAUKNECHT etwa auch, was Männer wünschen? Ich weiß es im Augenblick nicht.
Soweit der Bericht von der Küchenfront. Müssen Sie Ihr Welt-Frauen -und Werbebild nun nicht ändern?

Mit kritischen Grüßen

Winfried Bornemann

Bauknecht

G. Bauknecht GmbH Postfach 983 7000 Stuttgart 1

G. Bauknecht GmbH

Herrn
Winfried Bornemann
Am Fillerschloß 47

4504 Georgsmarienhütte

Gleitende Arbeitszeit:
Kernzeit 8.30–15.30 Uhr

Ihre Zeichen	Ihre Nachricht v.	Unsere Zeichen	Telex	Hausruf	Heidenklinge 22 7000 Stuttgart 1
	19.04.81	HV-WEL/Mä/sö Herr Mämecke	07 2520-	343	30.04.81

Sehr geehrter Herr Bornemann,

schade, daß unsere gutgemeinten Ratschläge bei Ihrer Gattin kein Echo gefunden haben und Sie unverändert in Ungnade sind. Natürlich haben wir Verständnis dafür, daß Ihre Gattin lieber verreisen als in der Küche stehen möchte ... doch braucht ja das eine das andere nicht auszuschließen! Wenn man jedoch in der Küchentätigkeit eine lästige Zumutung sieht, wird auch die schönste Küche und das modernste Gerät diese Einstellung nicht ändern können.

Wir fürchten daher, Ihnen - zumindest im Augenblick - nicht weiterhelfen zu können. Wir sind jedoch sicher, daß der Grund der Verstimmung nicht in der Küche lag, also andere Ursachen haben muß. Diese herauszufinden, liegt jedoch nicht in unserer Macht. Ein Reisebüro könnte hier sicher viel weiter helfen.

Übrigens: Die von Ihnen erwähnten "boxhandschuhähnlichen Topflappen" sind Grillhandschuhe!

Mit freundlichen Grüßen
G. Bauknecht GmbH
- Werbeleitung -

ppa.

Vorsitzender des Aufsichtsrates: Dr. Reinhard Blasig
Geschäftsführer: Günter Bauknecht, Gert Bauknecht
Sitz der Gesellschaft: Stuttgart
Registergericht: Stuttgart Nr. HRB 887

Fernsprecher (0711) 6665-1
Fernkopierer 0671160 50 34
Fernschreiber Stuttgart 07-2520-0
Telegramm Bauknechtmotor
Postscheckkonto Stuttgart 148 28-700 BLZ 600 100 70
Commerzbank AG. Stuttgart 5 434 170 BLZ 600 400 71
Dresdner Bank AG. Stuttgart 9 008 676 BLZ 600 800 00
Stuttgarter Volksbank AG Stgt. 6 451 000 BLZ 600 901 00

EK 1152 – 3.80 – 20000 – Stgt. Dr.

HALLO, liebe Leser,
nur mal ganz kurz gestört.
Ich kann mir denken, daß Ihr Euch bei manchen Briefen fragt, ob ich im Eifer des Gefechtes nicht auch gleich die Antwortbriefe selbst geschrieben habe. Türken nennt man das, obwohl die gar nichts dafür können.

NEIN!

Alle Briefe sind echt gelaufen, großes Ehrenwort.

22.4.81

Winfried Bornemann
Fillerschloss

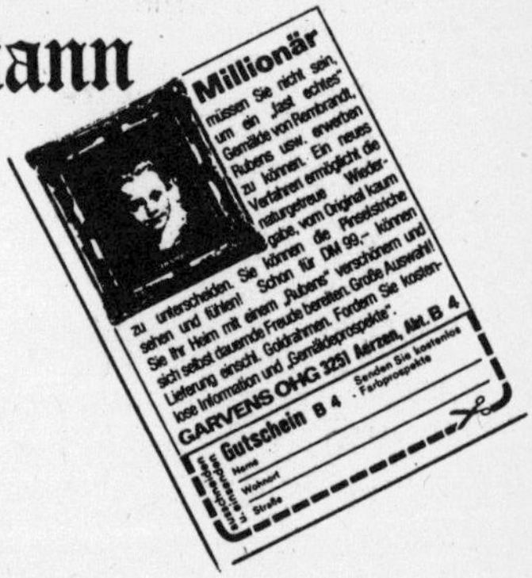

Geschäftsleitung
Garvens OHG
Abt. B4

3251 AERZEN

14.

Betr.: Echter RUBENS

Sehr geehrte Herren,

in der Zeitschrift DaS HAUS fiel mir Ihre Anzeige auf: "Millionär müssen Sie nicht sein...." Sicherlich ein Leseanreiz für jeden, der Millionär ist oder gern werden möchte. Ich habe auch sofort gestutzt. Etwas enttäuscht habe ich weitergelesen, da in meinem Falle besser das Wort nicht weggelassen worden wäre. Entschuldigen Sie bitte die Unbescheidenheit. Wesentlich für mein Schreiben war, daß Sie in Ihrer Anzeige von einem RUBENS sprechen. Ich darf Ihnen beichten, daß ich schon seit geraumer Zeit einen echten RUBENS für mein kleines Jagdschloß in Flakenholz suche. Die meisten meiner Galeristen sehen sich außerstande, mir einen zu besorgen. Sie haben wohl eine Menge Picasso und Dali auf Lager, aber keinen RUBENS. Nun habe ich mir gedacht, daß Sie ja Ihre Reproduktionen von einem echten RUBENS abgekupfert haben müssen. Kommen Sie da noch günstig dran? Oder alternativ würde mich noch der eine oder andere Original Spitzweg interessieren. Wie gesagt: es könnte ja sein, daß Sie multilaterale Kunstbeziehungen haben. Vielleicht können wir ein großes Geschäft zusammen machen.

Ich höre von Ihnen.

Hochachtungsvoll

Winfried Bornemann

Winfried Bornemann - Fillerschloss - 4504 Georgsmarienhütte - Tel.: 05401/31379
Bis zur Beantwortung bleibt der Brief mein Eigentum - Gerichtsstand Osnabrück

GEBRÜDER GARVENS OHG

Verkaufsbereich: Gemälde-Reproduktionen

Postfach 29 u. 48 – Grehberg 32 u. 35-37 – Telefon: Sammel-Nr. 05154/8353

D 3251 AERZEN 1 über Hameln

Mona Lisa, um 1503, von Leonardo da Vinci und andere

Gebr. Garvens OHG. - 3251 Aerzen 1 üb. Hameln Postf. 29 u. 48

Herrn
Winfried Bornemann
Fillerschloss

4504 Georgsmarienhütte

RG/E
Aerzen, 04.05.1981

Betr.: Echter Rubens

Sehr geehrter Herr Bornemann!

Wir bestätigen den Eingang Ihres Briefes vom 22. April 1981 und nahmen davon Vormerkung, daß Sie sich für einen echten Rubens oder ein Original von Spitzweg interessieren.

Leider können wir Ihnen die gewünschten echten Gemälde nicht anbieten und können wir auch keine bezügliche Adresse nennen, da die Originale dieser Maler selten zum Verkauf kommen.

Es tut uns sehr leid, daß wir Ihnen in dieser Angelegenheit nicht behilflich sein können.

Bei dieser Gelegenheit möchten wir jedoch noch daraufhinweisen, daß wir Ihnen außer unseren Reproduktionen auch Ölgemälde liefern können. Bei einem Besuch zeigen wir Ihnen gern einige Motive.

Mit freundlichen Grüßen

GEBRÜDER GARVENS OHG

P.S. In der Größe einschl. Goldrahmen 65 x 55 cm können wir Ihnen augenblicklich zwei sehr schöne Ölgemälde anbieten. Es handelt sich um die Darstellung von Mozart, 18-jährig am Klavier und Beethoven, um 1819 bei Notenschreiben. Fotos senden wir Ihnen gern auf Anforderung.

Winfried Bornemann

4504 Georgsmarienhütte, den 26.5.81
Am Fillerschloß 47

Geschäftsleitung
DIETZ Verlag

1000 BERLIN - OST

Betr.: DAS KAPITAL von Karl Marx

Sehr geehrte Herren,

ich bitte um Ihre Hilfe! Zusammen mit einigen Freunden versuche ich der Frage nachzugehen, welche Zinsen inzwischen seit 1867 für das Kapital von Karl Marx angefallen sind. Nach unseren vorsichtigen Schätzungen muß es sich hierbei um einen Betrag handeln, der die Milliardengrenze bereits überschritten hat.
Sie werden sicher die genauen Zahlen kennen.

Hochachtungsvoll

Winfried Bornemann

15

Leider kam keine Antwort
aus Ost-Berlin.
Wissen Sie die genauen Zahlen?

DAS KAPITAL
KARL MARX
9. AUFLAGE
ZINSEN
1867–1982

Winfried Bornemann

4504 Georgsmarienhütte, den 26.5.81

Am Fillerschloß 47

Geschäftsleitung

DEUTSCHE ZENTRALE FÜR TOURISMUS E.V.

Beethovenstr. 69

6000 FRANKFURT 1

16

Sehr geehrte Damen und Herren,

ich bin sehr verunsichert. Die Wetterkarte zeigt ein Tiefdruckgebiet von Island bis zu uns. Strichweise Regen, widrige Winde. Am nächsten Morgen soll meine Urlaubsreise beginnen.

Als ich am anderen Tage aus dem Hause trete, grinst mich die Sonne an. Um es kurz zu machen: den ganzen Urlaub über hatte ich gepflegtesten Sonnenschein.

So geht das schon seit Jahren. Bin ich nach dem Urlaub wieder in der Haustür, beginnt ein Platzregen!

Viele meiner Nachbarn sind bereits dazu übergegangen, ihren Urlaub mit meinem zu synchronisieren. Ich habe ein wetterfühliges Organ, das ich dem deutschen Tourismus nutzbar machen möchte. Mein Vorschlag lautet: ich verreise auf Ihre Kosten die gesamte Hauptsaison. So. Das garantiert Ihnen gutes Wetter und zufriedene Kunden. In der Nachsaison, die meist wenige Buchungen bringt, verreise ich ebenfalls. Auf Ihre Kosten. Das animiert viele Leute wegen des dauerhaft schönen Wetters dazu, noch einen kleinen Sonderurlaub nachzuschieben. Ist das nichts? Ich bin sicher, Sie können mich gebrauchen, Sie warten auf mich! Stimmts?

Ich erwarte Ihre Einsatzbefehle für diesen Sommer.

Mit Sonnenbräune im Sinn grüßt

Winfried Bornemann

German National Tourist Board
Office Central Allemand du Tourisme
Centro Nacional Alemán de Turismo

DZT DEUTSCHE ZENTRALE FÜR TOURISMUS E.V.

DZT · Beethovenstraße 69 · D-6000 Frankfurt/Main 1

Herrn
Winfried Bornemann
Am Fillerschloß 47

4504 Georgsmarienhütte

Telefon 0611/75 72-1, Durchwahl 75 72-
Telex-Anschluß: Nr. 4-189 178 dzt d
Telegramm-Adresse: Tourismus Frankfurtmain

Ihr Gesprächspartner:

Ihre Zeichen	Ihre Nachricht	Unsere Zeichen	Tag
		I A 3 Mha/Kr.	24.06.1981

Ihr wetterfühliges Organ
- Ihr Schreiben vom 26.05.81 -

Sehr geehrter Herr Bornemann,

wir bestätigen dankend den Eingang Ihres freundlichen Schreibens, das bei uns unter der Rubrik "Raritäten - Seltsames und Kurioses" einen sicheren Platz finden wird. Um Verständnis dürfen wir Sie bitten dafür, daß wir Ihr Schreiben nicht prompt beantwortet haben. Wir wollten etwas mehr Zeit in Anspruch nehmen, um die Möglichkeit, Ihr Organ dem deutschen Tourismus zunutze zu machen, gründlich überprüfen zu können. Ausländer, die in Deutschland ihren Urlaub verbringen wollen, machen ihren Entschluß in der Regel nicht vom deutschen Wetter abhängig. Längst haben wir davon Abstand genommen, Regenwetter als "Schlechtwetter" und Sonnenschein als "Schönwetter" zu bezeichnen. Das Lockvögelchen DZT zwitschert schon seit Jahren mit Erfolg das Lied von der "Romantik", ein Begriff,der inzwischen zum Markenartikel geworden ist. Außerdem tut sich das Bundeswirtschaftsministerium als unser Brötchengeber schwer daran, angesichts leerer Kassen Planstellen für Leute mit wetterfühligen Organen zu schaffen.

Wir haben Ihre Idee deshalb zuständigkeitshalber an den Deutschen Fremdenverkehrsverband weitergeleitet, der es trotz steigender Energiekosten immer noch nicht leicht hat, die sonnenhungrigen Deutschen zu überzeugen, daß "Sonne gut, aber unser Klima besser" ist.

Uns bleibt lediglich, Ihnen auf Ihrer weiteren Suche viel Glück zu wünschen, und der konkrete Hinweis, daß Ihr wetterfühliges Organ sich einen ihm gebührenden Platz im kalifornischen Museum "BELIEVE IT OR NOT", fisherman's Wharf", finden dürfte. Auch steht Ihnen der Weg offen, für die Wissenschaft etwas zu tun. Nähere Informationen geben Ihnen die medizinischen Forschungsinstitute (Organspende).

Wir hoffen, Ihnen mit diesen Zeilen weitergeholfen zu haben.

Mit freundlichen Grüßen
Im Auftrag

(Haberstroh)

22.6.81

Winfried Bornemann
Fillerschloss

17

Deutsche Psychoanalytische Vereinigung

Am Hochsträß 8

7900 ULM

Sehr geehrter Herr Professor Henseler,

ich habe Ihnen ein paar Briefe beigelegt, die ich in letzter Zeit verfaßt habe. Bilden Sie sich bitte ein Urteil. Wenn es nach mir ginge, würde ich noch viele solcher Briefe schreiben. Wie kommt das eigentlich? Man macht sich ja so seine Gedanken. Sie haben doch täglich mit solchen netten Menschen zu tun. Bitte geben Sie mir doch mal Ihr ganz subjektives Gutachten. Frei formuliert, sowohl von Herzen als auch von wissenschaftlichen Gnaden. Ich brauche das.

Mit bestem Gruß

Winfried Bornemann

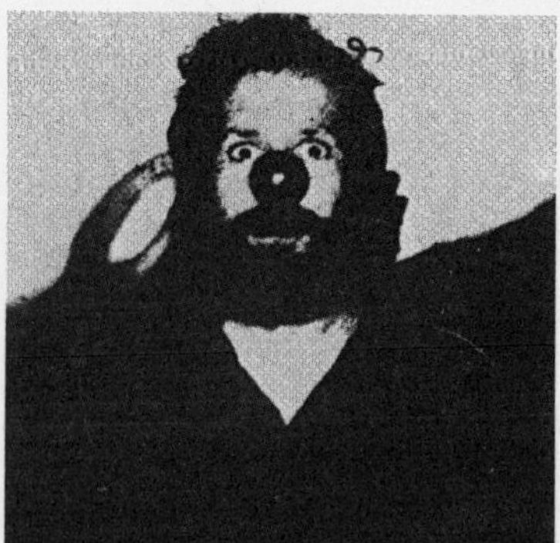

Winfried Bornemann - Fillerschloss - 4504 Georgsmarienhütte - Tel.: 05401/31379
Bis zur Beantwortung bleibt der Brief mein Eigentum - Gerichtsstand Osnabrück

DEUTSCHE
PSYCHOANALYTISCHE
VEREINIGUNG
(Zweig der Internationalen Psychoanalytischen Vereinigung) e.V.
Sitz: Berlin
Der Vorsitzende: Prof. Dr. med. H. Henseler

7900 Ulm, den 26.6.1981
Am Hochsträß 8
Tel. (0731) 1762981

Herrn
Winfried Bornemann
Fillerschloß

4504 Georgsmarienhütte

Betr.: Ihre Bitte um tiefenpsychologische Deutung

Sehr geehrter Herr Bornemann,

da Sie doch im Besitz von LINDES Muckefuck sind, frage ich mich, warum Sie die von Ihnen gewünschten tiefenpsychologischen Deutungen nicht aus dem Kaffeesatz von LINDES Muckefuck lesen. Bei Ihrer treffsicheren Art zu schreiben werden Sie sicher treffende Interpretationen finden.

Dabei viel Spaß und guten Erfolg!

H. Henseler

Winfried B o r n e m a n n

4504 Georgsmarienhütte, den 27.02.81
Am Fillerschloß 47

An den
Präsidenten des Deutschen Bauernverbandes
C. Frh. v. Heeremann
Haus Surenburg

4441 Riesenbeck/Rheine

Betr.: Bauernfrühstück

Sehr geehrter Herr von Heeremann,

ich darf es gleich vorweg sagen: ich bin kein Bauer. Dennoch verfolge ich mit Interesse und unverhohlener Sympathie Ihren engagierten Einsatz für unsere produktive Landbevölkerung. Wenn ich Landwirt wäre, wäre ich stolz auf Sie! Doch gar kein Vergleich mit dem dicken Kluncker von der ÖTV. Immer am Ball, ob es um Spinat geht oder um die Schweinepreise in der EG. Ich glaube deshalb auch, daß ich mit meiner Beobachtung bei Ihnen an der richtigen Adresse bin. Neulich hat sich jemand in einer Gaststätte ein "BAUERNFRÜHSTÜCK" bestellt. Da ist mir kl^{ar}geworden, was für eine Diffamierung des Bauernstandes in diesem Begriff steckt. Ein Bauer zum Frühstück, gar Teile des Bauern als Frühstück! Das ist ein Stück erniedrigender Sprachgebrauch, wobei ich auch die Ausrede nicht gelten lasse, daß es sich hier um alte Gewohnheiten handele. Whret* den Anfängen! Speziell nach den vielen Bauernkriegen sollte man etwas dagegen tun. Außerdem sind die Zutaten des Bauernfrühstückes für diesen Berufsstand erniedrigend. Kein Steak, kein Kotelett, nein Eier, Brot und ein paar wenige Scheiben Wurst. Muß sich das ein Landwirt heute gefallen lassen?
Bitte unterrichten Sie mich, ob Sie auch diesen Mißstand erkannt haben und was Sie zu dessen Abhilfe unternehmen wollen. Mit meiner Hilfe können Sie rechnen.

* Wehret natürlich, Verzeihung

Mit erdverbundenen Grüßen

Winfried Bornemann

Winfried B o r n e m a n n

4504 Georgsmarienhütte, den 14.5.81

Am Fillerschloß 47

An den

Präsidenten des Deutschen Bauernverbandes C. Frh. V. Heeremann

Haus Surenburg

4441 Riesenbeck/Rheine

Betr.: Bauernfrühstück - Mein Brief vom 27.2.81

Sehr geehrter Herr v. Heeremann,

in meinem Brief habe ich so von Ihnen geschwärmt. Charmantes Auftreten und eisenhart in der Sache. Inzwischen bin ich ein wenig betrübt darüber, daß ich immer noch keine Antwort von Ihnen bekommen habe. Sie werden doch sicher zugeben, daß es sich bei der von mir geschilderten Beobachtung um einen Mißstand handelt, der möglichst noch vor der diesjährigen Heuernte beseitigt sein sollte. Ich will mir später nicht von meinen Kindern nachsagen lassen, daß ich zwar die Probleme gesehen, nichts aber zu deren Beseitigung beigetragen habe.

Es müßte sich eigentlich doch ein bißchen Zeit für die Beantwortung meines Anliegens finden lassen, zumal doch in der EG momentan nicht viel läuft, weil alle auf dem Felde arbeiten müssen.

Hochachtungsvoll

Winfried Bornemann

P.S. Viele Kinder machen ein Bäuerchen. Was sagen Sie dazu?

DEUTSCHER
BAUERNVERBAND E.V.

DER PRÄSIDENT

Pers.Referent

Bad Godesberg, den 14.5.1981
Andreas-Hermes-Haus
Godesberger Allee 142-148
Postfach 20 09 28
5300 BONN 2
Telefon (02 28) 37 69 55
Telex 8 85 586

Herrn
Winfried Bornemann
Am Fillerschloß 47
45o4 Georgsmarienhütte

P/649/81
Dr.Bo/Gie

Sehr geehrter Herr Bornemann !

Präsident Freiherr Heereman dankt Ihnen für die beiden Schreiben vom 27. Febr. und 19. April d.J. Sie können versichert sein, dass der Deutsche Bauernverband und sein Präsident sich über Ihr Engagement für die Bauern freuen. Bitte werten Sie die verspätete Antwort auf Ihre Schreiben aber nicht als "eisiges Schweigen", sondern als Ausdruck der terminlichen Beanspruchung aller Mitarbeiter des Deutschen Bauernverbandes im Zuge der agrarpolitischen Auseinandersetzungen im Frühjahr d.J.

Doch nun zum Inhalt Ihres Schreibens. Sicherlich kann man über den Begriff "Bauernfrühstück" geteilter Auffassung sein. Ich weiss aber nicht, ob man so weit gehen sollte, darin ein Stück erniedrigenden Sprachgebrauchs zu sehen. Denn dann müsste man die gleiche Beurteilung bei den Begriffen "Jägerschnitzel", "Steak a la Holstein" oder "Bismarck-Hering" anwenden. Ich glaube nicht, dass man bei dem heutigen Sprachverständnis mit der Bezeichnung eines Gerichts,unmittelbare Assoziationen mit einem angesprochenen Berufsstand oder einer Persönlichkeit hervorruft.

.../...

Trotzdem bin ich allerdings Ihrer Auffassung, dass wir Deutschen bei der Einnahme unseres Frühstücks wenig Esskultur an den Tag legen. Ich halte es für eine Aufgabe der durch die Bauern getragenen Marketing-Agentur,dafür zu sorgen, dass in diesem Punkte eine Änderung - sprich eine reichhaltigere Ausgestaltung des Frühstücks - erreicht wird.

Mit nochmaligem Dank für Ihr Schreiben
verbleibe ich

mit freundlichen Grüssen

H. Born

Dr. Born

Die dicksten Bauern ham
die dümmsten Kartoffeln.
meint Arthur.

BANKHAUS ZINS &
WUCHERLI
NÄCHSTE
LEERUNG
FRAITACH
xxx

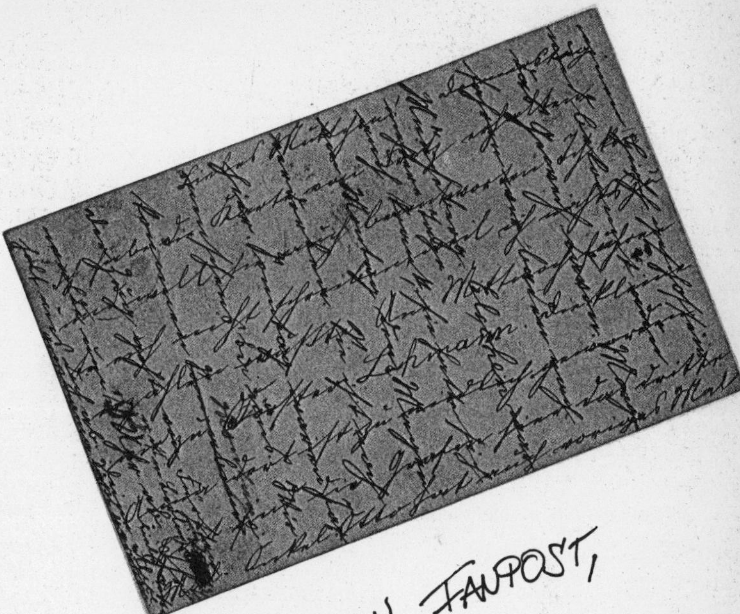

WENNSCHON FANPOST,
DANN
BITTE LESERLICH

Winfried Bornemann
Fillerschloss

17.5.81

Geschäftsleitung
LLOYD Versicherung
Karlstr. 10
8000 MÜNCHEN 2

19

Betr.: <u>Versicherung gegen Versicherung</u>

Sehr geehrte Herren,
gerade ist wieder ein Versicherungsvertreter bei uns vom Hof gefahren. Ich bin w i e d e r schwach geworden. Versichert bin ich jetzt gegen Depressionen und Brillenbruch. Jetzt reicht es mir aber langsam. Sie können versichert sein, daß mir fast keine Versicherung mehr fehlt. Das geht bei mir vom Schutz gegen Langeweile bis hin zu einer Versicherung gegen Brand mit heller Flamme und Schwelbrand. Ich bin von Natur aus ängstlich und stetiges Opfer sicher auftretender Agenten. Nun fehlt mir nur noch e i n e Versicherung: die Versicherung gegen den Abschluß einer w e i t e r e n Versicherung. Da müssen Sie mir helfen.! Ich habe mir sagen lassen, daß Sie alles versichern, sogar die Soldaten gegen Krieg. Ich erwarte Ihr erlösendes Schreiben. Das versichere ich Ihnen.

Verunsichert grüßt
Winfried Bornemann

Winfried Bornemann - Fillerschloss - 4504 Georgsmarienhütte - Tel.: 05401/31379
Bis zur Beantwortung bleibt der Brief mein Eigentum - Gerichtsstand Osnabrück

Lloyd

Deutscher Lloyd
Lebensversicherung AG
Karlstraße 10
Postfach 200623
8000 München 2
Telefon (089) 5908-1
Telex 523986

Sitz: München
Registergericht:
München, HRB 42137

Vorstand:
Dr. Harold Kluge, Vorsitzender
Karel F. V. Blocisz
Dr. Wilhelm Gauer
Erich Stein

Vorsitzender des Aufsichtsrates:
Dr. Wilhelm Winterstein

Herrn
Winfried Bornemann
Fillerschloß

4504 Georgsmarienhütte

Ihr Zeichen	Ihre Nachricht vom	Unsere Durchwahl-Nr.	Unser Zeichen
		(089) 5908	FD 18 3 631-f-si

Betrifft (bitte bei Antwort angeben):
Versicherung gegen Versicherung

Datum
9.6.81

Sehr geehrter Herr Bornemann,

wir bestätigen dankend den Erhalt Ihres an unsere Geschäftsleitung gerichteten Schreibens vom 17.5.81.

Einerseits haben wir uns über den Inhalt Ihres Schreibens gefreut; denn er bestätigt uns, daß Sie den Versicherungsgedanken aufgeschlossen gegenüber stehen. Andererseits jedoch entbehrt Ihr Schreiben nicht einer gewissen Tragik insoferne, als Sie damit bestätigen, daß Sie nicht nein sagen können und somit ein stetiges Opfer sicher auftretender Versicherungsagenten sind.

Nehmen Sie es uns bitte nicht für Übel, wenn wir Ihren Hinweis, daß Sie sich gegen Depressionen und Langeweile haben versichern lassen als einen Scherz und evtl. einen symbolischen Hinweis darauf ansehen, daß es nichts mehr gibt, wogegen Sie sich nicht schon haben versichern lassen.

Ihrem Wunsch, Ihnen eine Versicherung gegen den Abschluß weiterer Versicherungen anzubieten, können wir leider nicht entsprechen; denn eine solche Sparte wird von uns und unseres Wissens auch von anderen Gesellschaften nicht geführt.

Wir bedauern es sehr, Ihnen das erwartete, erlösende Schreiben also nicht zugehen lassen zu können.

Mit freundlichen Grüßen

Deutscher Lloyd Lebensversicherung AG

Wir haben gleitende Arbeitszeit.
Unsere Mitarbeiter erreichen Sie daher
am besten zwischen 9 und 15 Uhr.

Winfried Bornemann

4504 Georgsmarienhütte, den 15.8.81
Am Fillerschloß 47

Herrn
Bundesminister für das Post-und Fernmeldewesen
Kurt Gscheidle
Adenauerallee 81
5300 BONN

20

Lieber Herr Gscheidle,

wir sind im Zeitalter der Raumfahrt und alles ändert sich. Wirklich alles? Nein, da is noch das Erscheinungsbild der Post. Antiquiert, hausbacken, muffig. Überholte Uniformen und Ausstattung erinnern an Nierentischkultur der 50er Jahre. Kein Pfiff, kein Pep, kein Pop.
Wissen Sie eigentlich, wie sehr Ihre Bediensteten sich unbewußt in ihrer Arbeitshaltu diesem drögen Erscheinungsbild anpassen?
Von mir befragte andere namhafte Designer bestätigen meine Bedenken. Deshalb gebe ich Ihnen heute zunächst kostenlos einige Tips, die Sie allerdings ohne meine Genehmigung nicht realisieren dürfen.

1. Die Grundfarbe GELB ist falsch gewählt. Farbpsychologen bezeichnen Gelb fast ausschließlich mit negativen Eigenschaften, hier besonders als "aggressiv".
   VORSCHLAG: Umstellung auf frisches Blau (gilt als "Zuverlässig-rational-treu - himmlisch") Zur Umgewöhnung empfehle ich für die Übergangsphase blaue Kreise auf gelbem Grund. Danach GELB raus!!

2. Das Posthorn sollte aus Tradition erhalten bleiben, allerdings nur noch in den gesamten Spektralfarben zu sehen sein.

3. Die Postuniformen sind schlimm, wenn Sie bedenken, daß wir auf das Jahr 2000 zusteuern:
   Wenn schon Mützen, dann bitte nur noch pfiffige Ballonmützen, wie sie einst John Lennon trug und jetzt wieder die Bhagwan Fans.
   Die Sakkos sind zu eng geschnitten, hier dürfte ruhig geschlabbert werden. Gleiches gilt für die unförmigen Hosen: die müssen doch oben schön locker sein und unten nicht flattern. Keine schwarzen Halbschuhe mehr - nur noch bunte Stiefeletten. Hemden ohne Kragen, weit geschnitten.

Zu den Farben:

Ballonmütze:	ROT (warm -freundlich - liebevoll)
Jackett:	FRISCHES BLAU
Hose:	Sommer WEISS - Winter BLAU
Hemd:	WEISS
Stiefeletten:	BUNT

Überlegen Sie sich das bitte und lassen Sie mich schnell wissen, wie wir das gemeinsa angehen wollen.

Mit freundlichen Grüßen

Winfried Bornemann

DER BUNDESMINISTER FÜR DAS POST- UND FERNMELDEWESEN

Der Bundesminister für das Post- und Fernmeldewesen · Postfach 80 01 · 5300 Bonn 1

Herrn
Winfried Bornemann
Am Fillerschloß 47

4504 Georgsmarienhütte

Ihr Zeichen, Ihre Nachricht vom	Mein Zeichen, meine Nachricht vom	☎ (02 28)	Datum
15.08.81	917-6 B 1721-01	14- 60 06 oder 14-1	10.09.81

Betreff
Visuelles Erscheinungsbild der Deutschen Bundespost

Sehr geehrter Herr Bornemann,

vielen Dank für Ihren Brief vom 15.08.81 und Ihre Vorschläge zum visuellen Erscheinungsbild der Deutschen Bundespost. Gestatten Sie mir hierzu bitte folgende Anmerkungen:

Gelb ist die traditionelle Farbe der Post und als solche allgemein bekannt. Es dürfte kaum ein privates oder staatliches Unternehmen geben, das so eindeutig mit einer Farbe in Verbindung gebracht wird wie die Post mit der Farbe Gelb. Die Umstellung auf eine andere Farbe würde von der Öffentlichkeit wohl schwerlich begriffen, ganz abgesehen davon, daß eine solche Änderung mit erheblichen Kosten verbunden wäre, wofür Mittel im Rahmen des derzeitigen Sparhaushalts gar nicht zur Verfügung stehen.

Die Deutsche Bundespost hat durch Marktstudien - ausgeführt von postunabhängigen Instituten - über Jahre geprüft, ob das Posthorn als Signet der Post richtig ist und erhalten bleiben soll. Dabei ist herausgekommen, daß das Horn in seiner jetzigen stilisierten Form die optimale Lösung ist.

Ich kann mich Ihrer Meinung, bei der Post gäbe es keinen Pfiff, keinen Pep und keinen Pop, nicht anschließen. Wer die modernen Bauten der Post kennt, ihre Werbung und Public Relations-Maßnahmen aufmerksam verfolgt, wird zugeben müssen, daß von "Nierentischkultur der 50er Jahre" nicht mehr die Rede sein kann. Was die Postuniformen angeht, so kann nicht jede Tagesmode mitgemacht werden. Wohl aber paßt sich die Post auch hier langfristig modischen Trends an. Im übrigen sind die "Geschmäcker" gerade in diesem Bereich sehr verschieden.

Ich bedauere sehr, daß ich von Ihren Vorschlägen keinen Gebrauch machen kann. Gleichwohl danke ich Ihnen für Ihr Interesse an

...

Dienstgebäude	Telex	Fax	Kontoverbindungen	
Adenauerallee 81	8 861 101	14 - 88 72	Generalpostkasse Bonn	Generalpostkasse Bonn
Bonn	8861101 bpm d		Postscheckamt Köln	Deutsche Bundesbank Frankfurt am Main
			(BLZ 370 100 50) KtoNr **16-503**	(BLZ 504 000 00) KtoNr 504 013 00

der Deutschen Bundespost und für Ihre Mühe, mir in dieser Sache geschrieben zu haben. Um Ihnen einen Überblick über die moderne Post zu geben, füge ich vier Broschüren aus dem aktuellen Informationsprogramm der Deutschen Bundespost bei.

Mit freundlichen Grüßen

Im Auftrag

Graffe

<u>Anlagen</u>
4 Broschüren

IHR
BRIEF
HAT LEIDER ÜBER-
GEWICHT!

Winfried B o r n e m a n n   4504 Georgsmarienhütte, den 1.3.81

Am Fillerschloß 47

Geschäftsleitung
LUHNS Seifenfabrik
Postfach
5600 WUPPERTAL

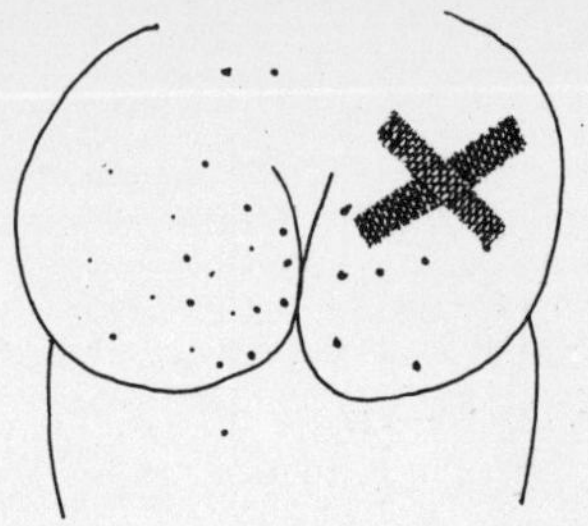

Betr.: K e r n s e i f e

Sehr geehrte Herren,

als Student ist man immer bemüht, möglichst günstig einzukaufen. Das fängt bei der Körperpflege an. Es müssen nicht unbedingt die teuren und umweltfeindlichen Sprays und parfümierten Seifen sein. Will man sauber bleiben, genügt schon ein einfaches Stück Kernseife. Preiswert, ohne aufwendige und nutzlose Verpackung, im Farbton dem bräunlichen Körper angepaßt. Einfach kernig. Nun hat jede gute Sache auch seinen Haken. Bei mir sind es die kleinen roten Pickelchen, die sich bei mir im sechsten Jahr der Kernseifenbenutzung gebildet haben. Wo? Auf dem Gesäß, um nicht zu sagen, auf dem.... Ich hätte ja auch gar nichts gesagt, denn an dieser Stelle kommt es ja nicht unbedingt auf Schönheit an. Ein anderer Gedankengang beunruhigt mich: KERNSEIFE, das klingt auch ein bißchen nach Kernkraftwerk. Jetzt ahnen Sie es.
Ist die Kernseife möglicherweise ein Abfallprodukt der Kernkraftwerke? Haben deshalb meine Pickeln eine radioaktive Ursache? Darüber könnte ich allerdings gar nicht lachen. Sie werden sich rausreden und sagen: Steht doch auf der Packung. Motto: Wahrheit ist die beste Tarnung. Hoffentlich sind Sie aber so fair und lassen die bei mir anfallenden Untersuchungen und Bestrahlungen über Ihre Haftpflichtversicherung laufen.
Soweit der Bericht über meine Kehrseite. Ich bin gespannt auf Ihre Antwort.

Mit kernigen Grüßen
Winfried Bornemann

P.S. Bitte schicken Sie mir zum Trost kein Stück Kernseife!!!

21

SEIFEN- U. GLYCERIN-FABRIKEN **LUHNS**

AUG. LUHN & CO. GMBH

Herrn
Winfried Bornemann
Am Fillerschloß 47

4504 Georgsmarienhütte

Wuppertal, 23. April 1981
Dr.Fl./fr

Betr.: Kernseife

Sehr geehrter Herr Bornemann,

wir bestätigen Ihre Schreiben vom 1.3.1981 und 16.4.1981. Ihr erstes Schreiben haben wir für einen verspäteten Faschingsscherz gehalten und deshalb nicht beantwortet. Wir dürfen sicherlich davon ausgehen, daß Sie als Student und somit sicherlich sehr intelligenter Mensch zwischen Kernseife und Kernkraftwerk trennen können.

Kernseife dient heute im allgemeinen nur noch zur Vorbehandlung verschmutzter Wäsche. Nur wenige Konsumenten werden sie heute bei der Fülle der vom Handel angebotenen Alternativen zur Körperreinigung benutzen. Aber natürlich ist sie grundsätzlich wie zur Zeit unserer Großeltern auch dafür heute noch geeignet.

Ein Beweis hierfür sind Sie ja selber. Wie Sie schreiben, haben Sie Kernseife zur Körperreinigung 6 Jahre lang vertragen. Und nun haben sich Pickel gebildet.

Jeder Arzt, besonders jeder Dermatologe, wird Ihnen bestätigen, daß Pickelbildung viele Ursachen haben kann. Hauptursache sind im allgemeinen allergische Erscheinungen, wobei die Bestimmung des Allergens eine zeitraubende und schwierige Prozedur ist.

Um nun aber wieder auf unsere Kernseife zurückzukommen, empfehlen wir Ihnen, dieses Produkt nicht mehr zur Körperreinigung zu verwenden, sondern auf eine normale Toilettenseife, ein Duschbad oder Schaumbad überzugehen. Wenn Ihre Pickel dann weggehen, dann seien Sie froh und verwenden nie wieder Kernseife. Wenn Sie Ihre Pickel behalten, dann hat es an der Kernseife nicht gelegen, und wir können Ihnen nur empfehlen, sich in dermatologische Behandlung zu begeben.

Mit freundlichen Grüßen
Aug. Luhn & Co. GmbH

Winfried Bornemann

4504 Georgsmarienhütte, den 21.6.81
Am Fillerschloß 47

Kurverwaltung
Postfach
2192 HELGOLAND

22

Sehr geehrte Damen und Herren,

mein diesjähriger Sommerurlaub sollte mich eigentlich nach Helgoland führen. Ich liebe die Schiffsreise, den Labskaus und die schroffen Felsen. Den zollfreien Einkauf ebenfalls. Stutzig gemacht hat mich nun aber die Bemerkung eines Bekannten, daß sich die Inselbewohner dort hauptsächlich von den Touristen ernähren sollen. Da sind mir Zweifel gekommen, ob dies denn doch der richtige Ferienort sei. Verständnis hätte ich schon, denn die Enge des Raumes und die eisigen Winde lassen wohl kannibalische Gelüste aufkommen. Andererseits kommen mir auch Zweifel an der Ausssage des Bekannten, denn ich kenne jemanden, der seinen Urlaub in Helgoland unangetastet verbracht hat. Bitte geben Sie mir einen objektiven Lagebericht, ohne Fußangeln.

Mit besten Grüßen

HELGOLAND ...wirklich einmalig

DER KURDIREKTOR

Herrn
Winfried Bornemann
Am Fillerschloß 47

45o4 Georgsmarienhütte

Helgoland, 26. JUni 1981

Sehr geehrter Herr Bornemann !

Ich danke Ihnen für Ihr Schreiben vom 21. Juni und darf Ihnen mitteilen, daß Helgoland und die Helgoländer die Entwicklung in die Neuzeit nicht verpaßt haben. Somit dürften Sie auch den "Kannibalismus" in seiner Ur-Form nicht mehr vorfinden. Vielleicht hat Ihr Bekannter diese Mitteilung zum 1. April ausgesprochen.

Helgoland ist ein staatlich anerkanntes Seeheilbad und wurde immerhin 1826 gegründet. Nach dem Kriege nach völliger Zerstörung wieder aufgebaut, entstanden u.a. auch Restaurants mit einer großen Angebotspalette mit maritimen, herkömmlichen und Spezialgerichten. Natürlich leben die Helgoländer in erster Linie vom Tourismus, der somit auch die wirtschaftliche Basis bildet.

Ich hoffe, mit diesem kleinen und hoffentlich ankommenden Hinweis auch zur Ernährung der Helgoländer und der Gäste gedient zu haben.

Mit freundlichen Grüßen
KURVERWALTUNG HELGOLAND

(Köpp)

Winfried Bornemann

4504 Georgsmarienhütte, den 22.04.1981
Am Fillerschloß 47

Blendax-Werke
R. Schneider GmbH & Co
-Geschäftsleitung-
Rheinallee 88

6500 Mainz

23

Betr.: Ihre Zahnpasta

Sehr geehrte Damen und Herren,

ich schreibe Ihnen im Namen meiner beiden Söhne Frank und Gerrit. Sie haben soeben die Chromteile meines Autos poliert. Womit? Mit Ihrer Zahnpasta. Aus Versehen, versteht sich. Tube sieht wie Tube aus. Ergebnis: Hochglanz! Erster Klasse! Die 1,-- DM Putzprämie wurde sofort ausgezahlt. Anschließend habe ich mir ein paar Gedanken gemacht.
Ist es denn in jedem Fall wahr, daß ein Mittel für meine Autochromteile gleichermaßen gut für meine Zähne sein muß?
Ist das ganze denn nicht ein bißchen scharf?
Wußten Sie das selbst denn auch schon?
Ich erwarte Ihre hochglanzpolierte Antwort.

Mit einem gegenwärtig guten Geschmack im Mund
grüßt Sie

Blendax

65 Mainz, Rheinallee 88, Postfach 1580
Fernsprecher Sammelnummer 6011, Fernschreiber 04187-825

Mainz, 6. Mai 1981
400/Hp

An
Frank und Gerrit Bornemann
Am Fillerschloß 47

4504 Georgsmarienhütte

Lieber Frank, lieber Gerrit,

Euer Vater hat uns am 22.4.81 geschrieben, daß Ihr mit Blend-a-med-Zahnpasta beim Polieren der Chromteile seines Autos einen hervorragenden Job abgeliefert habt. (Habt Ihr Euch schon einmal gefragt, ob die 1 DM Putzprämie, die Euer Vater zahlt, noch inflationsgerecht ist?)

Eure Entdeckung - das muß ich Euch leider sagen - ist nicht ganz neu. Schon meine Großtante, die inzwischen leider verstorben ist, hat mit Blend-a-med ihr Tafelsilber poliert.
So ist es halt im Leben; mit vielen Dingen kann man Dinge tun, an die der Erfinder nicht gedacht hat und für die sie nicht bestimmt sind. Allerdings rate ich Euch dringend davon ab, die Sache nun andersherum zu machen und Eurem Vater womöglich Autopolitur als Zahnpasta auf seine Waschtischkonsole zu praktizieren. Es geht halt nicht immer in beiden Richtungen: So ist es auch ganz klar, daß Euer Hund - falls Ihr einen solchen habt - das medium-gebratene Filetsteak, das für Euren Vater bestimmt ist, mit großem Genuß verzehren würde, nicht aber Euer Vater das für jenen eingekaufte Chappi.

/ 2

Blendax-Werke R. Schneider GmbH & Co, Amtsgericht Mainz HR A 0277
pers. haft. Ges.: Lareena Verwaltungs- und Beteiligungs-GmbH, Amtsgericht Mainz HR B 1036
Geschäftsführer: Peter Riepenhausen, Josef Pohl, Dr. Helmut Raaf, Johannes Gromberg

Wir schicken Euch noch ein kleines Päckchen, damit Ihr immer etwas Vorrat in der Reserve habt von Blend-a-med-Zahnpasta, die - das muß nochmals ausdrücklich gesagt werden - zum Zähneputzen erfunden wurde und sich auf diesem Gebiet hervorragend bewährt hat.

Mit herzlichen Grüßen, auch an Euren Vater,

BLENDAX-WERKE
R. SCHNEIDER GMBH & CO.

(Dr. Raaf)

WIESO?
ABS. W. BORNEMANN
BORNEMANN DU ALTER BRIEFKOPF
SPAR-BIER

Winfried B o r n e m a n n

4504 Georgsmarienhütte, den 25.2.81

Am Fillerschloß 47

Herrn

Franz Peter Hofmeister

Rotdornweg 24

5013 ELSDORF- HEPPENDORF

24

Sehr geehrter Herr Hofmeister,

ich habe gerade in Knaurs "PROMINENTENLEXIKON" von 198o geblättert und dort Ihren Namen gefunden. Den kurzen Angaben dort entnehme ich, daß Ihr Vater Franz heißt, Ihre Mutter Agnes (schöne Grüße) und Sie die Hobbys Leistungssport, Briefmarken und Weine kennenlernen haben. Das ist bei mir identisch. Außerdem haben Sie in den Jahren von 1972-1977 ein Studium der Betriebswirtschaft in Köln absolviert. Ich habe von 1965 bis 197o in Göttingen studiert. Seit 1978 sind Sie Diplom-Kaufmann bei Bayer. Ich bin seit 197o Lehrer. Warum stehen Sie im Prominentenlexikon und ich nicht? Wie haben Sie das gemacht? Ich würde mich freuen, wenn Sie mir diese Frage einmal beantworten könnten.

Mit unprominenten Grüßen

Winfried Bornemann

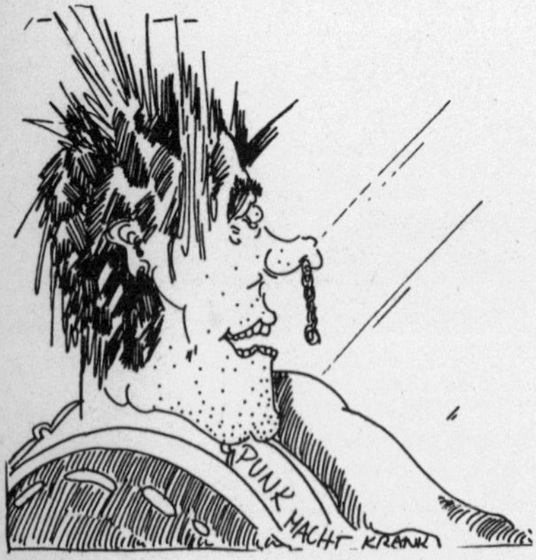

Elsdorf, 10. 5. 81

Sehr geehrter Herr Bornemann,

ich würde Ihre Frage gern beantworten, zumal sie Ihnen – wie ich Ihrem zweiten Brief entnehme – ein echtes Anliegen ist. Ich kann Sie jedoch nur an den Verlag verweisen, der für die Auswahl der „Prominenten" verantwortlich ist.
Die Anschrift kann ich Ihnen leider nicht mitteilen, da ich das Buch selbst nicht besitze.

Mit freundlichen Grüßen

[illegible]

Winfried Bornemann

4504 Georgsmarienhütte, den 7.3.81

Fillerschloß

Geschäftsleitung

Bayrische Motorenwerke -BMW

Postfach

8 MÜNCHEN

25

Sehr geehrte Damen und Herren,

ich wende mich jetzt direkt an den Fachmann und Hersteller, da mein Angestellter in der Sache nicht weitergekommen ist. Es geht um folgendes: Meine Tochter wird im nächsten Jahr achtzehn. Anders als ihre neun Geschwister liegt sie mir dauernd in den Ohren, daß sie dann keines meiner Autos, sondern unbedingt meine 6oo-ter BMW fahren will, die ich selbst nur noch gelegentlich im Hochsommer fahre. Ich bin der Meinung, daß schweres Lederzeug und Sturzhelm für einen Mann meines Standes nicht angebracht erscheinen. Die Maschine möchte also meine Tochter haben.
Ich habe nichts dagegen, zumal sie sonst damit gedroht hat, vorzeitig unser Haus zu verlassen. Unsere Tochter ist sehr zart, so daß die Gefahr besteht, daß sie mit der schweren Maschine umfällt, falls sie einmal anhalten oder das Motorrad hochbocken will.
Ich möchte deshalb bei Ihnen anfragen, ob Sie für solche Fälle (zarte Personen und gebrechliche Fahrer) bereits STÜTZRÄDER für Fahrschüler entwickelt haben, die ein Umfallen der Maschine verhindern. Ich kenne diese Räder beim Fahrrad, wo sie einen ähnlichen Zweck erfüllen.
Im Falle eines negativen Bescheids würde ich die Stützräder anfertigen lassen. Sind Sie ggf. an einer Serienfertigung interessiert?

Hochachtungsvoll

Winfried Bornemann

BMW Motorrad GmbH + Co.

Herrn
Winfried Bornemann
Fillerschloß

4504 Georgsmarienhütte

Ihre Zeichen
Ihre Nachricht vom 07.03.1981
Abteilung und Zeichen RM-V-1 ba-ra
rchwahl (089) 381 08 - 214
Datum 17.03.1981
Thema

Sehr geehrter Herr Bornemann,

wir bedanken uns für Ihr Schreiben.

Zunächst dürfen wir hoffen, daß Ihrem Fräulein Tochter durch ihre Liebe zum Motorrad keine familiären Probleme entstehen. Wir als Motorrad-Hersteller würden dies sehr bedauern.

Was Ihren berechtigten Wunsch, Stützräder an unsere Maschinen anzubringen, anbelangt, so sehen wir uns leider außerstande, Ihnen hier eine Lösung anzubieten. Dies aus folgenden Gründen:

- fest angebrachte Stützräder verhindern die beim kurvenfahren notwendige Schräglage bzw. würden ein hartes Aufsetzen in der Kurve zur Folge haben und sind daher nicht montierbar.

- flexibel angebrachte Stützräder, die sich als einzige Lösung anbieten, bedürfen eines außerordentlich hohen Aufwandes und kommen daher aus Kostengründen nicht in Frage.

Wir wissen, daß der Reifen-Hersteller Continental in Hannover Motorrad-Reifen-Tests mit einem BMW Motorrad durchführt, das mit einem aufwendigen Stützrad-System ausgerüstet ist. Für nähere Informationen bitten wir Sie, sich an die Test-Abteilung der Firma Continental zu wenden.

....

Postanschrift
Postfach 40 03 60
D-8000 München 40

Hausanschrift
Hufelandstraße 8f
D-8000 München 45

Telefon
(089) 381 08-1

Telex
523313 bmwvg d

Telegramm
Baymotorrad

Postscheckkonto
Berlin West 5401-108
BLZ 100 100 10

Bankkonten
Berliner Bank AG
9980 811 000
BLZ 100 200 00
eutsche Bank Berlin AG
4 460 002
BLZ 100 700 00
Bank für
andel und Industrie AG
2 436 000
BLZ 100 800 00
Hypo-Bank Berlin
2 600 406 704
BLZ 101 207 60

Geschäftsführer
berhardt C. Sarfert, Vors.
Dr. Wolfgang Aurich
Karl H. Gerlinger

tz und Registergericht
Landshut HRA 6854

BMW 3-1000

BMW Motorrad GmbH + Co.

Empfänger Herr Winfried Bornemann, 4504 Georgsmarienhütte
Datum 17.03.1981
Blatt - 2 -

Wir bedauern es sehr, Ihnen keinen günstigeren Bescheid geben zu können, hoffen aber, daß Ihr Fräulein Tochter trotzdem ihren Führerschein erwerben kann.

Hierzu gestatten wir uns, darauf hinzuweisen, daß zunehmend Fahrschulen mit unserem Modell R 45 ausgerüstet sind, das die notwendigen Eigenschaften (leichte Handhabung, niedrige Sitzbank) aufweist, um auch jungen Damen das Erlernen des Motorradfahrends zu ermöglichen.

Noch einmal bedanken wir uns für Ihr Interesse und verbleiben

mit freundlichen Grüßen

BMW MOTORRAD GMBH + CO
München

i.V. i.V.

Barton Seyffertitz
Leiter
Verkauf Inland

BMW 3-1010

So begann der Schwachsinn!
Die Autoren
bei den ersten Planungen.

Winfried Bornemann

4504 Georgsmarienhütte, den 1.3.81

Fillerschloß

Lob und Hudel
Rondeel 29

2000 Hamburg 60

26

Betr.: Einstieg in die RENTNERBAND

Liebe Rentnerband,

Eure Adresse habe ich von meinem Sekretär Ronald, der sich vorbildlich um mein Wohlergehen kümmert. Er ist mir rührig behilflich, daß ich meinen Ausstieg aus den Geschäften ohne seelischen Schaden überstehe. Anläßlich einer Fuchsjagd habe ich ihm gebeichtet, daß ich in jungen Jahren ein begeisterter Mandolinenspieler war. Seitdem bedrängt er mich mit dem Gedanken, auf meine älteren Tage einer Musikgruppe beizutreten. Da es sich ja normalerweise bei solchen Gruppen um junge Leute handelt, die außerdem meist an lauter und schriller Musik interessiert sind, habe ich immer noch gezögert. Nun hat er mir aber berichtet, daß es eine Vereinigung älterer Musiker im Rentenalter gibt, die diese Tatsache auch offen zugeben und sogar schon eine Schallplatte gemacht haben sollen. Ic möchte deshalb höflichst bei Ihnen, der Rentnerband, anfragen, ob Sie an einem ehemaligen Mandolienspieler interessiert sind? Ich habe viele Jahre Unterricht genossen bei einem erstklassigen pommerschen Privatlehrer, dessen Name mir leider entfallen ist. Sollt e in Ihrer Band momentan kein Platz für mich frei sein, so würde ich mich möglicherweise in finanzieller Hinsicht bei Ihnen stark engagieren, bis irgendwann ein Pla frei wird. Ihre Bandmitglieder dürften ja auch nicht mehr die Jüngsten s sie verstehen.

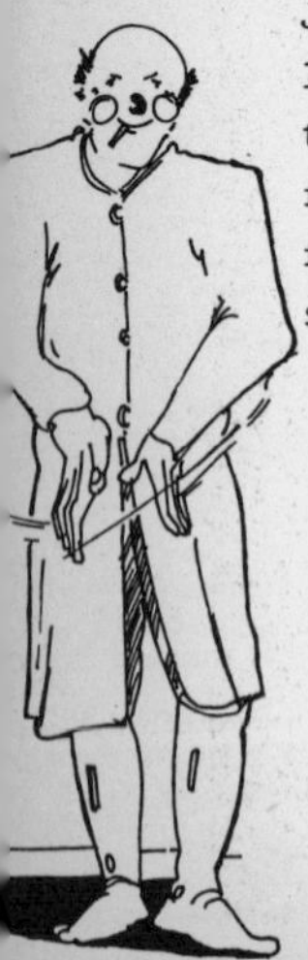

Hochachtungsvoll

(nach Diktat Ronald Geyer, Sekretär)

TROTZ MAHNSCHREIBEN UND GELBER KARTE KAM KEINE ANTWORT. GIBT ES DIE JUNGS NOCH?

Falls Ihr alt genug seid und selbst Musik macht – unten ist genug Platz.

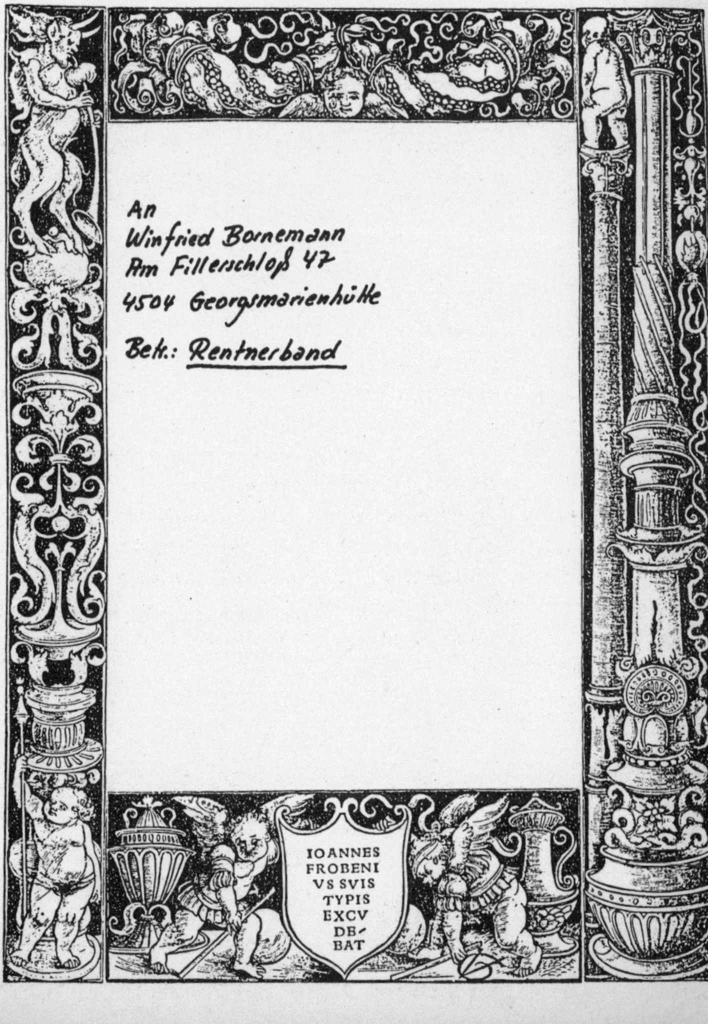

An
Winfried Bornemann
Am Fillerschloß 47
4504 Georgsmarienhütte

Betr.: <u>Rentnerband</u>

BIEDERMAN STÄGER SCHLEY KOMMT DOCH MAL VORBEI
PUNK MACHT KRANK!!!!
DIE ZÖPFE STEHN DIR GUT!!!
Das Bully Buhlan im Singen, sind wir im Bumsen!
Pit - raus aus'm knast
No future
Ruhe im Puff
HEISSE ADRESSEN FÜR NACHWUCHSBRIEFSCHREIBER
1. HEIMATVERDRÄNGTES LANDVOLK AM GRASWEG 17, 3 HANOVER
2. PEGNESISCHER BLUMENORDEN, KAROLINENSTR. 38, 85 NÜRNBERG
3. KONVENT DER ZERSTREUTEN EVANGELISCHEN OSTKIRCHEN, EBHARDSTR. 2, 3
4. VERSÖHNUNGSBUND E.V., JOCHEN KLEPPERSTR 2082 UETERSEN
5. FREUNDESKREIS DER AKADEMIE FÜR WELTKULTUR, POSTFACH 1867, 65
6. DEUTSCHER FRAUENBUND FÜR ALKOHOLFREIE KULTUR EV, BERGHOFSTR. 21, 3
7. DEUTSCHE SCHREBERJUGEND, PLATANENALLEE 37, 1 BERLIN 19
8. GROSSLOGE DER FREIEN UND ALTEN ANGENOMMENEN MAURER VON DEUT
9. FACHVERBAND DAMENHUT, MEISSENSTR. 15, 5 KÖLN 1
10. FACHVEREINIGUNG SPRENGMITTEL KARLSTR. 21, 6 FRANKFURT
11. VERBAND FÜR AUSSERHAUSVERPFLEGUNG, SIESMAYERSTR. 15, 6
12. AKAD. VERBINDUNG PATATO-SINAPIA IM MILTENBERGERRING, FRANKFURT 1
14. AKTIONSGEMEINSCHAFT GESCHÄDIGTER BERLIN INVESTOREN, KARL WILHELMSTR 4, 75 KARLSRUHE
15. ARBEITSKREIS DER PANKREAKTOMIERTEN E.V. VIRCHOWSTR. 1-3, 5 KÖLN 41
RÖMERSTR. 16, 6940 WEINHEIM
17. BUNDESVERBAND FÜR EHEANBAHNUNG, AM HOHENSAND 67, 8411 LAPPERSDORF
16. VERBAND DER DEUTSCHEN TALG UND SCHMALZINDUSTRIE, MARKT 9, 53 BONN 1
13. AKTION KLARTEXT-GLEICHSTELLUNG D. FRAUEN IN DEN MEDIEN
Jeder für sich - Gott gegen alle
ICH FLIEGE AUF MÜCKEN.
Nieder mit dem Frauen-Fuck
Klaus J. Arndt grüßt Henry Miller. (Der Teufel sei ihm gnädig)
BRIGITTE 68-99-5
EIN RIESEN RISS UND PISS
War Reagan schon hier
Hier hat Ronald in der Nacht vom 14. auf den 15.7 gepinkelt

Arthur, laß den Klecks ruhig stehen. Der is stark!!
Andre Länder - andre ...
Wo ist Bhaghwan?
Nur pissen ist schöner
Ich hätte diese Wand gern schlüpfriger
Reggae gegen Reagen
Jochen ...
Lich un Luf gib Saf un Kraf
Punk
Junge sei schlauer, geh nich zu Chris-iane Bauer
DEUTSCHE FUSSGÄNGER LIGA KÖRTESTR 16, 1 BERLIN 61
STELLT EUCH VOR ES IST KRIEG UND KEINER GEHT HIN!!
ELLI PIRELLI
ARTSCAPE - KUNST DER 90-er Jahre
W. Bornemann grüßt Flakenholz
ERICA ZURÜCK INNE HEIDE
MICHAEL HAHN GRÜßT EUCH.
FACHVERBAND DER FRIESISCHEN AKTIONATOREN
ALTER POSTWEG 8, 2919 UPLENGEN REMELS
Hi-Hick-Hicky!
Komme gleich wieder godot
Fertig
Rolf Lüke soll's immer noch gut vortragen.
Arthur zeichnet wie Schwein
KAISERSTR. FRANKFURT 1
URINTEST
WANTED
POSTMAN
HILFE
Jeder für sich - Gott gegen alle.
SHIT!?
STANDORT HAUPTTEST
LETZTE LEERUNG
15
Heike Amsterdam
19. DEUTSCHER SCHROTTVERBAND NEUMARKT 12-14, 5 KÖLN 1

Winfried B o r n e m a n n

4504 Georgsmarienhütten den 18.2.81

Am Fillerschloß 47

Geschäftsleitung

F. Falk Nudelwerke

3370 SEESEN /H ARZ

27

Betr.: Betriebsnudeln

Sehr geehrte Damen und Herren,

ich gelte in unserer Familie als sehr nudelfreundlicher Mensch: ob Zöpfli, Eier - Spirali, Makkaroni, ich mag sie alle. Ich bringe es sogar fertig und serviere Spaghetti, wenn meine Tante Lisbeth zu Besuch kommt, die in Fachkreisen die First Lady der Kalten Küche genannt wird. Die Nudeln der Buchstabensuppe beispielsweise werden vor dem Kochen von meinen Söhnen zu langen und interessanten Sätzen zusammengelegt. Nudeln bis ich abwinke, heißt folglich meine Devise.

Wir hatten kürzlich einen Gast, dem ich im Anschluß an ein opulentes Zöpfligericht meine Nudelleidenschaft anvertraute. Er meinte, daß der absolute Nudelgipfel die Betriebsnudeln seien.

Am anderen Tage habe ich sofort versucht, diese bei unserem Kaufmann zu bekommen. Statt der gewünschten Nudeln bekam ich nur ein ironisches Lächeln, das einem richtig ins Tomatenmark ging. Ich weiß bis heute nicht, was er damit sagen wollte. Deshalb meine Frage an den Experten:

Gibt es die besagten Betriebsnudeln überhaupt schon auf dem Markt? Wo sind sie zu bekommen? Bitte fügen Sie ggf. einen Händlernachweis bei. Ich m u ß sie haben.

Mit etwas Ketchup im Sinn grüßt

Winfried Bornemann

Winfried B o r n e m a n n 4504 Georgsmarienhütte, den 16.4.81

Am Fillerschloß 47

Geschäftsleitung

F. Falk GmbH

3370 SEESEN / HARZ

Betr.: <u>Betriebsnudeln - Mein Brief vom 18.2.81</u>

Sehr geehrte Herren,

heute haben wir Ostern. Vor fast genau zwei Monaten schrieb ich Ihnen einen Brief, in dem Sie ein paar nudelartige Fragen vorgelegt bekamen. Bis heute hat sich nichts bei Ihnen gerührt, obwohl ich doch davon ausgehen kann, daß Sie eigens einen Mann bzw. eine Frau dafür abgestellt haben, wichtige Fragen aus dem engeren Kundenkreis zu beantworten. Sie kennen doch sicher die alte Kaufmannsregel: Verliert man erst einen Kunden, verliert man morger die ganze Welt. Wollen Sie das?
Falls mein Brief in irgendeinem toten Firmenbriefkasten gelandet sein sollte, habe ich noch einmal eine von mir beglaubigte Kopie beigelegt.

Mit freundlichen Grüßen

Winfried Bornemann

P.S. Falls Sie auf meinen Brief nicht umgehend antworten, drohe ich Ihrer Firma einen großen Nudelauflauf im Juni an. Was? Sie lachen sich nudelig?
Da fällt mir auf: die Zöpfli stehen Ihnen gut.

NUDELAUFLAUF

Sonnen-Bassermann-Werke
Sieburg & Pförtner
GmbH & Co. KG

Hauptverwaltung

Sonnen Bassermann

Nahrungsmittelwerke
feinster Konserven, Teigwaren,
Fertiggerichte und Konfitüren
in Seesen und Schwetzingen

Sonnen-Bassermann-Werke · Postfach 1086 · 3370 Seesen/Harz

3370 Seesen/Harz
Harzstraße 10 · Postfach 1086

Telefon: (05381) *71-1 (71-0)
Fernschreiber: 957330 und 957420
bbn: 40 00247 7

Deutsche Bank AG Seesen (BLZ 268 700 32) 36 02 000
Norddeutsche Landesbank, Seesen
(BLZ 278 537 21) 21 231 196
Volksbank Seesen eG (BLZ 278 937 60) 33006
Landeszentralbank Braunschweig 270 074 47
Postscheckkonto Hannover Nr. 1833-305

Herrn
Winfried Bornemann
Am Fillerschloß 47

4504 Georgsmarienhütte

Ihre Zeichen	Ihre Nachricht vom	Unsere Zeichen	Durchwahl-Nr.	Abteilung / Datum
		bk-ho	(0 53 81) 71- 224	Geschäftsführung 23. April 1981

Sehr geehrter Herr B o r n e m a n n ,

wir haben soeben Ihr Schreiben vom 16.4. erhalten und möchten Ihnen hierauf sofort antworten.

Wir dürfen voranstellen, daß wir immer sehr darauf bedacht sind, alle Anfragen unserer verehrten Kunden auch und besonders aus dem Verbraucherkreis prompt zu erledigen. Dies betrachten wir als eine Höflichkeit, die für uns gleichzeitig Verpflichtung ist, die wir gern erfüllen.

Wir dürfen zuerst erwähnen, daß die von Ihnen angeschriebene Firma F.FALK ein Tochterunternehmen unseres Stammhauses ist. Demzufolge bearbeiten wir auch die diesbezüglich eingehende Post mit in unserer hiesigen Hauptverwaltung.

Zu Ihrem Schreiben vom 18.2.1981, das Sie mit Ihrem jetzigen Brief in Erinnerung bringen, müssen wir Ihnen antworten, daß dieses nicht bei uns vorliegt. Wir bedauern dieses sehr, können uns aber nur vorstellen, daß ein Verlust auf dem Postwege entstanden ist.

Immerhin haben wir auch heute sehr gern von Ihrem diesbezüglich ersten Schreiben Kenntnis genommen. Wir konnten uns hierbei eines freundlichen Schmunzelns nicht erwehren und freuen uns, mit welcher Leidenschaft Sie ein "Nudel-Fan" sind. Sie werden es deshalb auch richtig verstehen, wenn wir gerade solche Verbraucher besonders zu schätzen wissen, denn was für Sie Leidenschaft ist, bedeutet für uns den nun einmal wichtigen Umsatz !

Allerdings, und das bedauern wir sehr, können wir Ihnen "eßbare Betriebsnudeln" nicht anbieten. Wir vermuten vielmehr, daß Ihr freundlicher Gast Ihnen hiermit einen wohlgemeinten Spaß und damit verbunden wohl auch ein Rätsel aufgeben wollte. Denn nach unserem Wissen und unserem auch hier bekannten Sprachgebrauch versteht man unter "Betriebsnudeln" besonders lustige und sehr positiv auffallende Menschen, die in einem Betrieb -selbstverständlich neben ihrer Arbeit- ständig für gute Laune sorgen. Diese können natürlich und vielleicht vorwiegend weiblicher Natur sein und somit auch noch ein besonders attraktives Aussehen haben oder besser Ansehen besitzen !

...

Kommanditgesellschaft. Sitz: Seesen/Harz. Amtsgericht Seesen/Harz Nr. HR A 252.
Persönlich haftende Gesellschafterin: Heinz und Kurt Pförtner GmbH.
Sitz: Seesen/Harz. Amtsgericht Seesen/Harz, Nr. HR B 73.
Geschäftsführer: Dipl.-Kfm. Wolfgang Pförtner. Dr. jur. Dietrich Pförtner.
Claus-Dieter Wadsack. Konrad Benze. stellvertr. Geschäftsführer: Ulrich Pförtner

Nun, wie dem auch sei, auch Sie kennen bestimmt den schon zum Sprichwort gewordenen Werbespruch: "Nudeln machen glücklich". Warum sollen dann nicht auch "Betriebsnudeln" glücklich machen können !

Damit aber Sie, sehr geehrter Herr Bornemann, auch weiterhin ein so freundlicher und bestimmt auch immer zum Scherzen aufgelegter Mensch bleiben, sollten Sie Ihre selbst beschriebene Nudelleidenschaft auch weiter voll und ständig praktizieren. Wir möchten meinen, daß wir Ihnen mit unseren vielen Qualitäten und Sorten immer Abwechslung bieten können, die in Verbindung mit Ihrer höheren Kochkunst zum ständigen Genuß für Augen, Mund und Seele werden.

Nur, und das werden Sie uns nicht verübeln, wenn wir bei dieser kulinarischen Betrachtungsweise besonders auf <u>unsere</u> Marken-Frisch-Ei-Nudeln abheben möchten. Dieses deshalb, da Sie in Ihrem Brief von einem "Zöpfli-Gericht" sprechen, einer bekannten Nudelausformung, die unter dieser Bezeichnung einer unserer Wettbewerber herausstellt. Aber selbstverständlich können Sie diese Nudelausformung auch von uns unter "Röllchen" kaufen. Wir würden uns freuen, wenn Sie auch diesen Versuch mal wagen würden !

Damit wünschen wir Ihnen einen weiterhin guten "Nudel-Appetit" und hoffen sehr, daß Sie auch immer unser hochgeschätzter Verbraucherkunde bleiben.

Mit freundlichen Grüßen

Sonnen-Bassermann-Werke
Sieburg & Pförtner
GmbH & Co. KG

ppa.

Bastek ~~J. Wadsack~~

Winfried B o r n e m a n n

4504 Georgsmarienhütte, den 17.5.81

Am Fillerschloß 47

Geschäftsleitung
STIFTUNG WARENTEST
Lützowplatz 11-13
1000 BERLIN 30

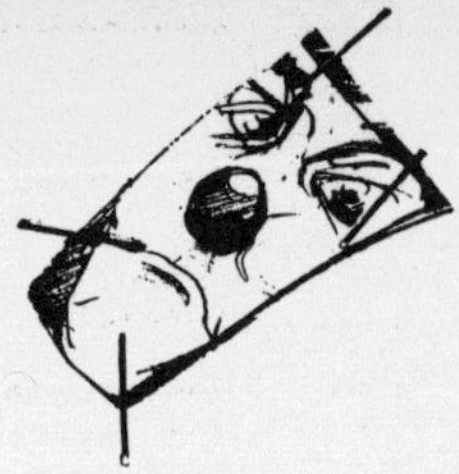

Betr.: Test von Reißzwecken und Büroklammern

Sehr geehrte Herren,

ich bin seit Jahren ein zufriedener Leser Ihrer Zeitschrift und tätige fast keinen Einkauf ohne Ihren Testkompaß. Es ist mir allerdings aufgefallen, daß Sie eine Vorliebe für die großen Dinge des Lebens haben, ob es der Fernseher oder die Waschmaschine ist. Ich vermisse die Tests von Kleinigkeiten, die jeder Mensch täglich in der Hand hat. So habe ich neulich wieder kräftig geflucht, als ich mit Hilfe von ein paar weißköpfigen Reißzwecken ein Bild auf einer Holzwand festhalten wollte. Sieben krumme Zwecken waren das Ergebnis. Ein Hut brach ab und riß mir den Finger auf, wodurch ich erstmals den Namen "Reißzwecke" begriff. Ich wollte eigentlich einen wütenden Brief an den Hersteller schreiben, bis ich bemerkte, daß weder die Schachtel noch die Zwecken selber den Herstellernamen tragen. Nun gut, die Narbe ist inzwischen verheilt. Dennoch: Ist es überhaupt erlaubt, daß Dinge anonym produziert werden? Wann endlich kommt Ihr Reißzweckentest und das strafende "mangelhaft"?
Kann ich damit rechnen, daß auch mal in nächster Zeit ein Test von Büroklammern in Ihrem Heft zu finden ist.?Gerade die Büroklammern...aber wem sage ich das.

Mit freundlichem Gruß

28

STIFTUNG WARENTEST
test

STIFTUNG WARENTEST · Lützowplatz 11/13 · 1000 Berlin 30

Herrn
Winfried Bornemann
Am Fillerschloß 47

4504 Georgsmarienhütte

Lützowplatz 11/13 · 1000 Berlin 30
Postfach 4141
Telefon (030) 2631 - 1
Telex 183588 stiwa d
Beratungsdienst (030) 216 70 11
Berliner Commerzbank AG
Konto Nr. 87 00999 00 (BLZ 100 400 00)
Postscheckkonto Berlin West 306 02-100
(BLZ 100 100 10)

I/Z	I/N	U/Z	☎ Durchwahl-Nr.	Datum
	17.5.1981	dr.mo-pa	26 31 - 260/1	3. Juni 1981

Sehr geehrter Herr Bornemann,

ich bedauere es außerordentlich, Ihnen als langjährigem Leser unserer Zeitschrift keine zufriedenstellende Antwort geben zu können; voraussichtlich werden wir weder Reißzwecken noch Büroklammern in der nächsten Zeit testen. Die Gründe für die Auswahl technisch komplizierter und oftmals hochpreisiger Geräte sind vielfältig. Insbesondere glauben wir, daß die Verbraucher Warentestinformationen hauptsächlich bei Produkten benötigen, bei denen sie subjektive Kaufrisiken empfinden und bei deren Anschaffung eine Fehlentscheidung langfristige Konsequenzen hat. Bei Ihren beiden Beispielen kann doch eine schlechte Produktwahl ohne großen Aufwand durch eine andere Produktalternative korrigiert werden; so ärgerlich Ihr spezielles Erlebnis mit den Reißzwecken war, so sehr glauben wir nach wie vor auch aus vielfältigen Marktforschungsuntersuchungen, daß die überwiegende Mehrzahl der Leser eher an dem Ihnen bekannten Produktspektrum interessiert ist.

Mit freundlichen Grüßen
STIFTUNG WARENTEST
-Planung und Analyse-

(Dr.C.-H.Moritz)

Mündlich bzw. telefonisch erteilte Auskünfte erkennt die Stiftung Warentest nicht als rechtsverbindlich an und übernimmt dafür keine Haftung.
(Vorsitzende des Verwaltungsrats: Lucie Kurlbaum-Beyer; Vorstand: Dr.-Ing. Roland Hüttenrauch; Vorsitzende des Kuratoriums: Irmgard von Meibom)

Winfried Bornemann

4504 Georgsmarienhütte, dem 15.2.81

Am Fillerschloß 47

Geschäftsleitung

[redacted]

Betr.: [redacted]

Sehr geehrte Damen und Herren,

ich weiß nicht genau, ob ich mit meinem Anliegen bei Ihnen an der richtigen Adresse bin. Dem Etikett der Flasche entnehme ich aber, daß Sie der Importeur sind. Nun denn. Jetzt mein Problem.

Wir hatten wieder einmal eine gemütliche Familienfeier. Selbst mein greiser Onkel Rolf Lüke war eigens aus einem Altenstift in der Nähe von Hamburg angereist. Nachdem dieser schon einen großen Teil seiner Kriegserlebnisse erzählt hatte, verlangte er nach einem guten Likör. Das ist bei ihm ein bekanntes Ritual, bevor er die Geschichte mit Kaiser Wilhelm erzählt, den er angeblich in Berlin vom Balkon aus gesehen haben will. Ich hole also eine brand- und nagelneue Flasche [redacted] aus dem Schrank. Nichtsahnend löse ich den Schraubverschluß, als dieser unter lautem Zischen unter die Decke fliegt, wie ich es bis jetzt nur von Sektflaschen kenne. Alle schütten sich vor Lachen, nur mein Onkel Rolf gab sich ziemlich zugekorkt. Er hat es anschließend abgelehnt, Ihren Likör zu trinken, weil ihm die ganze Sache unheimlich vorkam. Da auch die Geschichte mit Kaiser Wilhelm aufs engste mit dem Likör verknüpft ist, hat er die natürlich auch nicht erzählt.

Wenn auch der Schaden nicht wieder gutzumachen ist, möchte ich dennoch mal bei Ihnen anfragen, ob Ihnen seitens der Kundschaft schon mal ein solches Phänomen gemeldet wurde?

Haben Sie eine Erklärung dafür, die ich auch meinem besorgten Onkel mitteilen kann?

Mit einem kritischen Prost

Winfried Bornemann

29

[redacted]

Herrn
Winfried Bornemann
Am Fillerschloß 47

45o4 Georgsmarienhütte

[redacted] 18. Februar 1981
Marketing /uf

Sehr geehrter Herr Bornemann,

vielen Dank für Ihr Schreiben vom 15.02.1981, in dem Sie uns über eine nicht einwandfreie Flasche [redacted] berichteten.

Wir bedauern sehr, daß Ihre Familie dadurch um den Höhepunkt Ihres Zusammenseins mit Onkel Rolf, der Geschichte von Kaiser Wilhelm, gekommen ist.

Seitens unserer Kundschaft wurde uns bis heute ein ähnlicher Fall nicht gemeldet. Da wir uns den Druck in dieser Flasche [redacted] nicht erklären können, haben wir der Hauptverwaltung von [redacted] in [redacted] Anweisungen gegeben, diese Angelegenheit im Herstellungsbetrieb in [redacted] zu klären.

Ihrem Briefstil können wir entnehmen, daß Sie trotz alledem diesen Vorfall nicht zu ernst genommen haben und wir haben uns sehr gefreut, daß Sie uns davon unterrichteten. Als kleines Trostpflaster senden wir Ihnen eine Flasche [redacted] (ohne champagnerähnlichem Charakter), die Ihnen in den nächsten Tagen mit separater Post zugehen wird.

Mit freundlichen Grüßen

[redacted]

[redacted]

Winfried Bornemann

4504 Georgsmarienhütte, den 25.2.81

Am Fillerschloß 47

Geschäftsleitung
P. Folk
Werner Hilpert Str. 17
35 KASSEL

30

Betr.: Hausfrauenkredit

Sehr geehrter Herr Folk,

in einer großen Illustrierten, deren Name mir entfallen ist, fand ich Ihre Anzeige bezüglich des Hausfrauenkredits. Nun werden Sie schon an meinem Vornamen erkannt haben, daß es sich bei mir nicht um eine lupenreine Hausfrau handelt, sondern um einen Hausmann. Das wird Sie aber sicherlich nicht stören. Es kommt ja jetzt schon in den besten Familien vor, daß sich Männer mit Eifer und Hingabe auf die anfallenden Aufgaben im Haushalt stürzen. Ich gehöre dazu, was ich sogar mit einem gewissen Stolz berichte. Da meine Frau berufstätig ist, versteht es sich von selbst, daß ich mein Haushaltsgeld zugeteilt bekomme, mit dem ich aber oftmals nicht auskomme. Trotz größter Sparmaßnahmen (viel Eintopf und kaum gute Butter) bin ich meist schon in der Mitte des Monats blank. Ich möchte nun einen neuen Staubsauger anschaffen, dasder alte eine Loch im Zuführschlauch hat und sich somit der Staub zentrifugal im Zimmer verteilt. Dazu benötige ich einen Kredit in Höhe von 200 DM. Bitte teilen Sie mir Ihre Bedingungen mit. Bitte schreiben Sie mir auch, ob ich Teile des Kredits auch in Briefmarken abdrücken kann. Ich habe da nämlich Beziehungen, da mein Schwager bei der Post arbeitet. Ich erwarte Ihr Angebot.

Hochachtungsvoll

Winfried Bornemann

Peter F-O-I-K GmbH
Kapitalvermittlungsgesellschaft

Peter FOIK · Werner-Hilpert-Straße 17 · 3500 Kassel

Herrn
Winfried Bornemann
Am Fillerschloß 47

4504 Georgsmarienhütte

WERNER-HILPERT-STRASSE 17
3500 KASSEL

Telefon 0561 / 18632 und 18633
Telex Foiks d 992568

r 24 04 81

Sehr geehrter Herr Bornemann!

Wir nehmen Bezug auf Ihre Kreditantrag und müssen Ihnen leider mitteilen, daß wir Hausmänner z. Zt. nicht finanzieren können.

Wir bedauern, Ihnen keinen anderen Bescheid geben zu können und verbleiben

mit freundlichen Grüßen

Peter F O I K GmbH
i.A.

FINANZIERUNGEN ALLER ART – HYPOTHEKEN – BEAMTENDARLEHEN

1.3.81

Winfried Bornemann
Fillerschloss

31

Geschäftsleitung

Fa. Overmann

Abt. 178 R

7519 STEBBACH

Betr.: LEIHGARAGEN

Sehr geehrte Herren,

anläßlich der Feierlichkeiten zu meinem siebzigsten Geburtstag erwarte ich eine große Zahl von Gästen aus dem In -und Ausland. Einige meiner alten Freunde werden anschließend noch einige Wochen bei mir bleiben. Sie haben deshalb bei mir angefragt, ob wohl genügend Garagen zur Verfügung stehen. Nun muß ich sagen, daß auf meinem Anwesen sicherlich mehr als zwölf Garagen zu finden sind die allerdings alle besetzt sind. Ich möchte eigentlich keine weiteren Garagen errichten, da mein Gartengestalter aus optischen Erwägungen heraus mir davon a geraten hat. Andererseits kann ich auch meine Freunde verstehen, die wegen der zum Teil äußerst wertvollen Karosserien großen Wert auf eine Unterstellmöglich keit legen. Aus diesem Grunde möchte ich höflichst bei Ihnen anfragen, ob Sie ein Möglichkeit sehen, für die Dauer der Festlichkeiten (ca. zwei Wochen) mir fünf Garagen zu leihen, bzw. zu leasen. Eine Empfehlung an meine Freunde wäre ebenfalls mit Ihrem Entgegenkommen verbunden. Bitte teilen Sie mir umgehend r ob Sie an einem solchen Auftrag interessiert sind. Für einen sehr groben Kosten-voranschlag wäre ich Ihnen sehr verbunden.

Hochachtungsvoll

Winfried Bornemann

Winfried Bornemann - Fillerschloss - 4504 Georgsmarienhütte - Tel.: 05401/31379
Bis zur Beantwortung bleibt der Brief mein Eigentum - Gerichtsstand Osnabrück

OVERMANN

Oskar Overmann GmbH & Co · Lange Straße · 6920 Sinsheim · Telefon 07261/64711

Fertiggaragen Gartenhäuser
Gewächshäuser Gerätehäuser
Sauna

Overmann · 6920 Sinsheim

Herrn
Winfried Bornemann
Fillerschloß

4504 Georgsmarienhütte

Datum 5.3.81 Ref. HL/Du

Betr. Leihgaragen

Sehr geehrte Herren,

ich teile Ihnen mit, daß die Mietung von 5 Stück Garagen möglich ist. Dabei fallen jedoch folgende Kosten an:

Die Garage ist einmal zu montieren und zu demontieren zu jeweils DM 390.- und für die Überlassung müssen wir Ihnen nochmals DM 200.- berechnen, sodaß sich die Kosten auf DM 900.- pro Garage belaufen x 5 = 4 500.- DM einschließlich Mehrwertsteuer.

Auf der anderen Seite könnten Sie von der neuen Europa-Garage eine 5-er Box Type E 11 zum Preis von DM 11 870.- kaufen oder zum Preis von DM 237.- pro Monat leasen. Wenn Sie die Garagen vermieten zu DM 48.- pro Garage im Monat, arbeiten Sie genau kostendeckend und nach sieben Jahren gehören die Garagen voll Ihnen.
Aus diesem Grunde erhalten Sie in der Anlage einen kompletten Overmann Katalog und bitten um Mitteilung wie Sie sich entscheiden.

Mit freundlichen Grüßen

Oskar Overmann GmbH & Co.

Anlage: Garagenkatalog

Winfried Bornemann

4504 Georgsmarienhütte, den 18.1.81

Am Fillerschloß 47

Geschäftsleitung
[redacted]
Postfach
[redacted]

32

Betr.: Kartoffelpuffer [redacted]

Sehr geehrte Damen und Herren,

um es gleich vorweg zu sagen! Ich bin schon seit Jahren ein Verfechter der schnellen Küche, bzw. der Beutelverpflegung. So wundert es nicht, daß ich immer einige Produkte Ihres Hauses griffbereit im Schrank habe, falls ich nach dem Schluß des Fernsehprogramms noch "Kohldampf" kriege.
Tüte auf, Wasser drauf, Pfanne heiß, Masse einfüllen, noch kurz Austreten, fertig sind beispielsweise die Kartoffelpuffer. Flockig und cross. Nun mein Problem: Neulich ist in meiner heimischen Bratpfanne ein Wunder heiß geworden. Aus dem korrekt angerührten Pulver (Beamter) für Kartoffelpuffer formten sich in der Teflonpfanne plötzlich zwei KROKETTEN. Mit allem Drum und Dran. Der nächste Durchgang ergab wieder astreine Kartoffelpuffer. Weil ich keinen auf der Pfanne habe und auch nicht an Wunder glaube, möchte ich bei Ihnen als dem Erzeuger anfragen, ob Ihnen von seiten der Kundschaft oder aus den eigenen Labors jemals ein solcher Vorfall gemeldet wurde. Ich bin ganz schön verunsichert.

Mit freundlichem Gruß

Winfried Bornemann

P.S. Leider kann ich das corpus delicti nicht beilegen, weil ich es dem Hund gegeben habe aus Gründen der Vorsicht.

4504 Gec

Ihre Nachricht vom	Unsere Zeichen	Telefon-Nebenstelle	Tag
18.1.81	H/LEB LR	501- 273	29. 1. 1981

Kartoffelpuffer

Sehr geehrter Herr Bornemann,

besten Dank für Ihr freundliches Schreiben vom 18. 1. 1981. Über den humorigen und "fein gewürzten" Stil haben wir uns amüsiert.

Nach Literaturangaben sind Kroketten unterschiedlich, meist länglich geformte Zubereitur en aus Kartoffelteig und in Fett ausgebacken.

Als Erstem ist es Ihnen gelungen, artoffelpuffer in "Kroketten" zu verwandeln. Ein derartiger Fall ist uns bis zu Ihrer Mitteilung noch niemals bekannt geworden. Uns selbst gelang es auch nicht, unter extremen Temperatur- und Versuchsbedingungen die Herstellung von Kroketten aus unserem Kartoffelpuffer-Trockenprodukt nachzuvollziehen. Wir müssen daher annehmen, daß Ihr Meisterwerk ein einmaliger "Ausreißer" war.

/2

Mit Sicherheit brauchen Sie aber über den Krokettenfall nicht verunsichert zu sein, zumal auch Ihrem Hund die Kroketten lt. Ihrem Brief gut bekommen sind.

Für entsprechende Übungszwecke haben wir uns erlaubt, Ihnen einige Päckchen [redacted] Kartoffelpuffer mit separater Post zu übersenden. Wir wünschen Ihnen guten Appetit.

Mit freur Grüßen

C. H. ... H

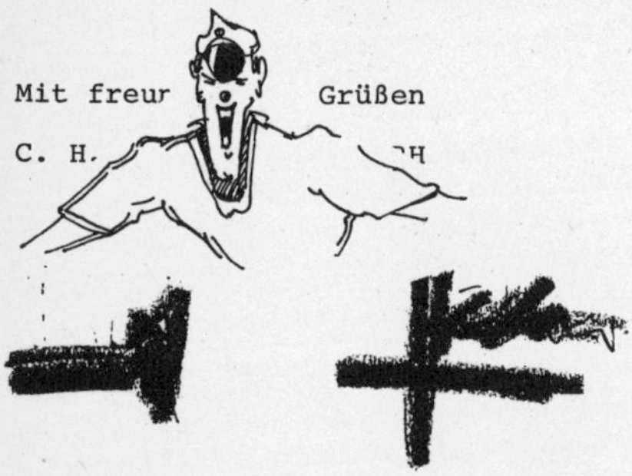

60
EUROPA
"Und schreibt mir?"
Arthur kleckert immer!!

Winfried B o r n e m a n n   4504 Georgsmarienhütte, den 28.1.81

Am Fillerschloß 47

Geschäftsleitung

Fa. HENKEL (DUFIX Spachtelmasse)

Postfach

6000 DÜSSELDORF

Betr.: DUFIX Spachtelmasse

Sehr geehrte Herren,

ich arbeite hauptsächlich an der frischen Luft. Somit versteht es sich von selbst, daß ich einen hohen Butterbrotverbrauch am Tag habe. So schlappe zwölf Scheiben sind zum Leidwesen meiner Frau die Tagesordnung. In der letzten Woche ist es dann passiert. Ich hatte verschlafen, mein Kumpel hupt vor der Tür. Ich springe aus der Koje und packe noch im Laufschritt die sechs Scheiben Brot ein, die meine Frau bis dahin nur geschafft hatte.
Der Tag beginnt mit harter und schwieriger Arbeit. Bei der Frühstückspause um neun Uhr ziehe ich mir die ersten vier Scheiben rein. Um elf Uhr meldet sich schon wieder Gevatter Kohldampf. Mittags ist Sense in meinem Brotkasten. Ich schicke unseren Stift Paul los, damit er was zu spachteln holt. Er kommt an mit einem Paket Spachtelmasse Ihrer Firma. Ich lese nur kurz die Beschreibung: mit Wasser anrühren!! Schon wird die Spachtelmasse zum Munde geführt.... Schmeckt nach nichts hin, denke ich. Die Arbeitskollegen schmunzeln. Ein wenig hatte ich mir noch für den Feierabend aufgehoben, so zum Bierchen.
Später hat man mich aufgeklärt. Ich konnte gar nicht darüber lachen.
Seitdem habe ich ein höllisches Sodbrennen. Außerdem ist mein Magen wie verklebt Ich verputze höchstens noch sechs Scheiben. Meine Frau freut sich, ich fühle mich unwohl. Ich meine, Sie haben einen großen Teil Schuld an meinem jetzigen Zustand. Wie kann man einem Produkt nur einen solchen mißverständlichen Namen geben? Kennen Sie ein Mittel, das die Verklebungen im Magen aufhebt? Und schließlich: Sind Sie versichert, falls ich einen bleibenden Schaden davontrage?

Mit hungrigen Grüßen

33

Henkel

HENKEL

KOMMANDITGESELLSCHAFT AUF AKTIEN

Henkel KGaA Postfach 1100 D-4000 Düsseldorf 1

Henkelstraße 67
Düsseldorf-Holthausen
Telefon (0211) 797-1
Telex Düsseldorf 085817-0
Telegramme henkel düsseldorf

Deutsche Bank AG, Düsseldorf
Konto 2 272 409 (BLZ 300 700 10)
Dresdner Bank AG, Düsseldorf
Konto 2 114 562 (BLZ 300 800 00)
Postscheckkonto Köln 24 14-5 08

Herrn
Winfried Bornemann
Am Fillerschloß 47

45o4 Georgsmarienhütte 47

Ihre Nachricht/Zeichen	Unsere Abteilung/Zeichen	Telefon (Direktwahl)	Telex (Direktwahl) Datum
	Dr.Do/m	797 3951	11.3.81

Sehr geehrter Herr Bornemann,

vielen Dank für Ihren Brief zum Thema "DUFIX-Spachtelmasse". Es tut uns außerordentlich leid für Sie, daß Ihr Heißhunger Sie buchstäblich blind gemacht hat. So sind Ihnen all die nützlichen Hinweise auf der Packung entgangen, in denen ausführlich dargestellt ist, wozu das Produkt benutzt werden soll und was man damit erreichen kann. Von der Stillung des Hungergefühls ist allerdings dort nicht die Rede.

Sollten die Schmerzen nicht nachlassen, würden wir Ihnen empfehlen, einen Arzt aufzusuchen; wir sind aber ziemlich sicher, daß einige Bierchen das Übel auch beseitigen würden.

Ihr Problem scheint darin zu bestehen, daß Sie Wörter mit Doppelbedeutung nur in einer Richtung auslegen. Da es solche Wörter aber öfter gibt, ist es sicher für Sie wichtig zu lernen, bei einer Doppelbedeutung den richtigen Sinn herauszufinden. Spachtelmasse ist ein durchaus gebräuchlicher Fachausdruck und weist ganz klar auf diesen Verwendungszweck hin. Außerdem gibt es das Produkt nicht in den Regalen, in denen Lebensmittel angeboten werden, zu kaufen.

Wir hoffen, daß Sie sich inzwischen von dem Genuß von Dufix erholt haben.

Mit freundlichen Grüßen

HENKEL KGaA

von Briskorn   Dr. M. Dohr

Aufsichtsratsvorsitzender:
Dr. Konrad Henkel

Zentralgeschäftsführung: Dr. Helmut Sihler (Vorsitzender), Dr. Bruno Werdelmann, Dr. Hans-Otto Wieschermann als persönlich haftende Gesellschafter, Dr. Dieter H. Ambros, Walter Harich, Dr. Dieter Schlemmer, Dr. Stefan Schulz-Dornburg, Dr. Horst Sommer

Handelsregister:
AG Düsseldorf HRB 4724

Sitz: Düsseldorf

Winfried Bornemann

4504 Georgsmarienhütte, den 18.6.81

Am Fillerschloß 47

Stiftung Spazierengehen e.V.
Herrn Präsidenten Carlo von Opel
Postfach 10
6719 WEISENHEIM

Betr.: Spazierstock oder nicht?

Sehr geehrter Herr von Opel,

es gibt viele löbliche Einrichtungen, die im Volke viel zu wenig bekannt sind. So dachte ich, als mir ein Freund Ihre Adresse zusteckte. Sonst hätte ich Ihren fachmännische Rat schon lange eingeholt. Worum geht es?
Als passionierter Spaziergänger bei Wind und Wetter habe ich mir unlängst einen Spazierstock zugelegt. Einen hölzernen Kameraden, der die fehlende Begleitung ersetzt. Außerdem ist seine metallene Spitze im Ernstfall auch geeignet, meine Brieftasche zu sichern. Man liest ja so viel von Spitzbuben, die Böses im Sinn haben.
Der oben genannte Freund, eher als Radfahrer zu bezeichnen, behauptet nun, daß ein längerer Gang mit dem Spazierstock Probleme mit der Wirbelsäule heraufbeschwör
Das ständige Abstützen soll auf Dauer eine Verkrümmung der Wirbelsäule nach sich ziehen. Ich habe da schon etwas vorgebeugt, indem ich den Stock auch mal in die andere Hand nehme.
Ihre Organisation hat ja sicher oft mit solchen Problemen zu tun, vielleicht haben Sie auch schon eine Spazierstockbroschüre herausgebracht. Ich bin gespannt auf Ihr Gutachten.

Mit besten Grüßen
Winfried Bornemann

34.

„Stiftung Spazierengehen“ e.V.

Stiftung Spaziergehen e. V. · Postf. 10 · 6719 Weisenheim am Berg

STIFTUNG SPAZIERENGEHEN e.V. 6719 WEISENHEIM AM BERG

Herrn
Winfried Bornemann
Am Fillerschloß 47

4504 Georgsmarienhütte

6719 Weisenheim am Berg

Telefon 06353/8409

25. Juni 1981 eh

Sehr geehrter Herr Bornemann,

mit bestem Dank erhielten wir Ihr Schreiben vom 18.ds.Mts. und haben mit Freude gelesen, daß Sie zu den passionierten Spaziergängern gehören. Schade, daß Sie nicht schon früher von uns hörten, sonst hätten Sie sicherlich schon eine ganze Sammlung 'GOLDENER SCHUHE' in Ihrem Besitz. Aber es ist niemals zu spät für einen Neubeginn, und so übersenden wir Ihnen heute mit unserem Brief ein Kontrollheft, in das Sie künftig Ihre Spazierstunden eintragen können. Viel Spaß auf dem Weg zum ersten 'GOLDENEN SCHUH'!

Was nun Ihre eigentliche Anfrage betrifft, so müssen wir Ihnen mitteilen, daß wir wegen evtl. Schädigung der Wirbelsäule durch das Benutzen eines Spazierstockes noch niemals gehört haben. In der Regel stützt man sich ja nur dann wirklich fest auf, wenn man bergan oder auch bergab schreitet, nicht aber auf gerade Strecken, es sei denn, man ist gehbehindert.

Wenn Sie dieses Problem aber mit absoluter Sicherheit geklärt wissen möchten, so empfehlen wir Ihnen, den Rat eines Sportmediziners einzuholen. Ist Ihnen in der Nähe niemand bekannt, so könnten Sie sich auch* die Deutsche Sporthochschule, 5000 Köln-Müngersdorf, Carl-Diem-Weg wenden, wo man Ihnen sicher Auskunft geben kann und wird. * an

Wir hoffen, Ihnen mit diesen Angaben gedient zu haben und sind gespannt darauf, wann wir Ihnen den 1. GOLDENEN SCHUH verleihen können. Eine Eintragung könnte auch rückwirkend erfolgen.

Mit freundlichen Grüßen
Ihre
STIFTUNG SPAZIERENGEHEN EV
6719 Weisenheim am Berg

Hier bitte Ihre Spazierstunden eintragen:

Datum	Stdn.	Min.	Datum	Stdn.	Min.	Datum	Stdn.	Min.

AKTION GOLDENER SCHUH

„Stiftung Spazierengehen“ e. V.

Gründer: Dr. Georg von Opel (1963)

4300 Essen 1
Am Wünnesberg 31

3012 Langenhagen 1
Postfach 1110

6719 Weisenheim am Berg
Postfach 10

AKTION GOLDENER SCHUH

— Bisher über 460000 Teilnehmer —

Dr. med. W. von Nathusius
»Fit sein« ist nicht Leistungssport sondern Wohlbefinden im Alltag!

Warum müssen wir spazierengehen?

Ohne Muskeltätigkeit können Atmung, Bewegungsapparat, Gehirn, Kreislauf, Stoffwechsel und das Zentralnervensystem nicht funktionieren.

Unser Gehirn verlangt für seine Ernährung 14% des von unserem Herzen geförderten Blutes und 20% des gesamten Sauerstoffverbrauche Die Transportkanäle zu und in den Skelett- und Eingeweidemuskeln sind 100000 Kilometer (!) lang. Diese gewaltigen Leistungen erforde kräftige und elastische Muskeln. Deshalb müssen wir sie in Bewegung halten ohne sie zu überfordern.

Spazierengehen ist notwendig. Unsere Stoffwechselfunktionen bedürfen der ***Wärme- und Energieproduktion in möglichst gleichmäßig Form. Das ist durch den***

täglichen einstündigen Spaziergang

erreichbar, weil er nur die regelmäßige und gleichmäßige Bewegung aller Muskeln — und zwar des ganzen Körpers — garantiert. Bei Sitzen, bei leichten Arbeiten, beim Sport in jeder Form kommt es nie zu einer gleichmäßigen Bewegung der Muskeln. Übermäßige Muske beanspruchung steigert lediglich die Verbrennungsvorgänge. In der desamten *Stoffwechselbilanz* muß sie sich *nicht nützlich auswirke Deshalb ist das Spazierengehen auch nicht ersetzbar.*

Spazierengehen ist lebenswichtig.

Täglich 2 x 30 Minuten (Hin- und Rückweg) zügig gehen, beansprucht fast ein Fünftel der gesamten Skelettmuskulatur. Die Lunge nehmen mehr Sauerstoff auf. Die Muskelfasern werden besser versorgt. Die feinen Haarblutgefäße bilden sehr bald ein viel dichtere Netz. ***Je mehr Arbeit es gibt, desto mehr Blutleitungen werden geöffnet.*** Die Leistungsfähigkeit des Gehirns hängt nicht zuletzt von sein Sauerstoffversorgung ab. Daher kann *Spazierengehen* in jedem Alter die geistige Leistungsfähigkeit erhalten oder sogar wieder verbesser

Bloßes Stillsitzen öffnet aber nur so viele Blutleitungen, wie die Muskeln zu ihrer Existenz benötigen. Das ist jedoch zu wenig! Deshal

Regelmäßig spazierengehen und zwar als Langzeitprogramm

Im Alter von 36 Jahren nahm der damals schon berühmte Johann Wolfgang von Goethe den Rat seines Arztes Dr. Hufeland an: *»Bewegun ist die beste Arznei!«* Er ging regelmäßig und wurde 83 Jahre alt. Folgen auch Sie seiner Einsicht und ***fangen Sie noch heute mit Spaziere gehen an.*** Täglich eine Stunde ist biologisch mehr als einmal 5 Stunden in der Woche!

Am Anfang keine Gewaltmärsche unternehmen. Extreme Leistungen überfordern den Unangepaßten. Sie sind höchst gesundheit schädlich! Empfehlenswert ist das Intervalltraining: Abwechselnd schnell (1 Minute lang) und langsam (2 Minuten lang) gehen. In d Strecke eingebaute Steigungen erzielen die gleiche Wirkung. Darüber hinaus sollte das *Spazierengehen* hinsichtlich seiner Intensität un Dauer ***nur langsam gesteigert werden.***

Freude und Gesundheit sind das Ergebnis.

1. Bessere Sauerstoffzufuhr steigert die Verbrennungsvorgänge, fördert den Stoffwechsel und erhält Ihre Intelligenz und Gehirnleistun Statt müde und erschöpft zu sein, werden Sie wieder munter und ausdauernd.
2. Bessere Blutzirkulation führt zur Entspannung und Entkrampfung. Der Kreislauf wird wieder anpassungsfähig. Das hormonale un und zentrale Nervensystem bleiben länger leistungsfähig.
3. Eine gestärkte Haltungsmuskulatur von Rumpf und Rücken hält Sie frei von Verspannungen und Schmerzen.
4. Der Verdauungstrakt arbeitet wieder störungsfrei. Sie brauchen keine Tabletten.
5. Sie sind bald wieder ausgeglichen und frei von Affekten.

Kurz: Sie haben Grund zur Freude wegen der bewiesenen Willensstärke, wegen der vollbrachten Leistung und nicht zuletzt wegen de damit verbundenen Belohnung

dem »Goldenen Schuh«

Freude weckt Begeisterung. Begeisterung reißt Ihre Umgebung mit. Sie sind zum guten Beispiel geworden. Welch ein Weg!

Mit freundlichen Grüßen

Ihre »Stiftung Spazierengehen« e. V.

Unsere Stiftung ist mit Bescheid des Finanzamtes Frankenthal/Pfalz als GEMEINNÜTZIG im Sinne des § 4 Absatz 1 Ziffer 6 KStG anerkannt.

GEHIRNFREIE DIENSTMÜTZE
DIE BRIEFTRÄGER SEITE
PUNK
ARTUR ZEICHNET SICH EIN!
PENG
LOURDES
SIEBEN MUSST DU LIEBEN!
BP
Gruß an Pit in Hameln
4711,9
ATAS
Arthur Peters 81.

Winfried B o r n e m a n n 4504 Georgsmarienhütte, den 25.5.81

Am Fillerschloß 47

Geschäftsführung

Verband der Deutschen Feuerzeug Industrie

Leostr. 22

4000 D ü s s e l d o r f 11

Betr.: Feuerzeuge

Sehr geehrte Damen und Herren,

als starker Raucher brauche ich im Jahr mehrere Feuerzeuge. In der letzten Zeit habe ich vorwiegend die billigen Einweg-Feuerzeuge benutzt. Ich bin es jetzt aber leid, mich alle paar Wochen nach einem neuen umzusehen, zumal es bisweilen nachts seinen Dienst aufgibt und ich noch ein paar Zigaretten in der Schachtel habe. Ich möchte mir jetzt ein Feuerzeug anschaffen, das mein Leben überdauert und vielleicht an meine Söhne vererbt werden kann. Ich bin infolge der Energiekrise sehr verunsichert, ob ich mir noch ein Benzinfeuerzeug anschaffen soll oder empfehlen Sie den Kauf eines Gasfeuerzeuges?
Ich bitte um schonungslose Aufklärung und objektive Empfehlungen.

Mit freundlichen Grüßen

Winfried Bornemann

VERBAND DER
DEUTSCHEN FEUERZEUG-INDUSTRIE im FMI

FMI · Postfach 330 · 4000 Düsseldorf 11

Fachverband Metallwaren- und verwandte Industrien (FMI) eV
4000 Düsseldorf 11 (Oberkassel)
Leostraße 22 · Postfach 330
Telefon (0211) 57 30 71/72
Telex 858-2641 bgl d

Herrn
Winfried Bornemann
Am Fillerschloß 47

4504 Georgsmarienhütte

Ihr Zeichen / Datum
25.5.1981
Unser Zeichen / Datum
IV/Lz 2.6.1981

Sehr geehrter Herr Bornemann,

gern gehen wir auf Ihr Schreiben vom 25.5.1981 ein, wobei unsere Antwort gar nicht so - wie von Ihnen gewünscht - "schonungslos" auszufallen braucht, um Ihnen bei der Lösung Ihres "Problems" behilflich zu sein.

Zunächst möchten wir Ihnen empfehlen, beim Kauf eines neuen Feuerzeugs Wert auf ein deutsches Markenprodukt (Braun, Ibelo, Ronson, Rowenta) zu legen. Sie werden Verständnis dafür haben, wenn wir Ihnen keine direkte Marke empfehlen können; Sie sind aber mit jeder der aufgeführten gut bedient.

Etwas abwegig erscheint es uns, lassen Sie uns das offen zum Ausdruck bringen, die Frage Benzin- oder Gasfeuerzeug mit der Energiekrise in Zusammenhang zu bringen. Schon seit langem werden Benzinfeuerzeuge von deutschen Herstellern nicht mehr angeboten. Die wenigen am Markt noch vorhandenen Geräte kommen ausschließlich aus Ostasien und sind nur noch etwas für Nostalgiker.

Von Bedeutung erscheint uns jedoch noch die beim Kauf eines Feuerzeugs anzustellende Überlegung, ob man dem altbewährten Prinzip des Reibrads den Vorzug gibt oder sich für die modernere Piezo-Zündtechnik entscheidet. In Ihrem Fall würden wir empfehlen, ein Reibrad gezündetes Modell zu wählen, das zwar nicht ganz den Bedienungskomfort wie beim Piezo-Zündmechanismus aufweist, demgegenüber aber auch zuverlässig da weniger störanfällig ist.

/ 2

Denken Sie bitte daran, daß auch das funktionstüchtigste Feuerzeug hin und wieder mit Gas nachgefüllt werden muß.

Verlangen Sie aber ausdrücklich bei Ihrem Fachhändler zu dem gekauften Markenfeuerzeug eine Gasampulle desselben Markenherstellers, da Ampullen ausländischer Provenienz oftmals unreines Gas enthalten, was bei einer Verwendung schnell zu einer Verstopfung der Brenndüse führen kann.

Wenn Sie dann noch Ihrem Feuerzeug hin und wieder etwas Pflege zuteil werden lassen, werden Sie sicherlich jahrelang daran Freude haben. Allerdings sollten Sie bedenken, daß die fortschreitende Technologie und der durch täglichen Gebrauch entstehende Verschleiß auch an einem Feuerzeug nicht spurlos vorübergeht. Mit anderen Worten: Ihre Vorstellung, mit einem Feuerzeugkauf eine Entscheidung im Hinblick auf "die nächsten Jahrzehnte" zu treffen oder gar die Forderung, daß Ihre Erben an dem Gerät noch Freude haben sollen, scheinen uns doch etwas überzogen zu sein.

Mit freundlichen Grüßen

Der Geschäftsführer

(Schäfer)

LÖSE geLDFOR DERUNG

1500 briEFMaRKEN ZU 60 PFG

800 ZU 5o PFg

28o POSTKart en

aber BiS – Sonntag 30

Winfried Bornemann

4504 Georgsmarienhütte, den 18.2.81

Am Fillerschloß 47

Geschäftsleitung
HOTEL STEIGENBERGER

53 B O N N

36

Sehr geehrte Damen und Herren,

ich habe in den nächsten Wochen geschäftlich in Bonn zu tun. Da sowohl mein Hausangestellter als auch meine Frau im Urlaub sind, m u ß ich auf dieser Reise einen zahmen Puma mitnehmen. Dieser Tatbestand macht es nötig, daß ich wegen der Unterbringung des Tieres Ihnen vorher folgende Fragen vorlege:

1. Ist eine Unterbringung des Tieres bei Ihnen möglich?
2. Kann das Tier mit mir in einem Zimmer bleiben?
3. Ist die Versorgung des Tieres mit frischem Lammfleisch gesichert?

Mit freundlichem Gruß

STEIGENBERGER
HOTEL · BONN

Steigenberger Hotel · Postfach 12 04 69 · D-5300 Bonn

Bonn Center
Am Bundeskanzlerplatz
D-5300 Bonn
Telefon: (02 28) 2 01 91
Telex: 08 86 363 steib
Telegramm: steighotelbonn
Bankverbindung:
Commerzbank AG, Bonn, Konto-Nr. 2 500 999
(BLZ 380 400 07)
Postscheckkonto:
Köln, Konto-Nr. 1560 50 - 506
(BLZ 370 100 50)

Herrn
Winfried Bornemann
Am Fillerschloß 47

45o4 Georgsmarienhütte

Ihr Zeichen	Ihre Nachricht vom	Unser Zeichen	Hausapparat	Tag
		WE/Kr	2o2	24. Februar 1981

Sehr geehrter Herr Bornemann,

besten Dank für Ihre Anfrage vom 18.2.81. Gegen diesen Aufenthalt haben wir prinzipiell nichts einzuwenden.

Vorab wäre es wichtig zu erfahren, wann Sie Ihren Besuch in Bonn planen, da wir überwiegend mit offiziellen Staatsbesuchen zu bestimmten Zeiten voll belegt sind. Hier unterliegen wir besonderen Sicherheitsmaßnahmen, bei denen Reservierungen nicht angenommen werden können.

Zu Ihren Punkten:

1. und 2. müssen dahingehend beantwortet werden, daß es ja keinerlei andere Möglichkeit gibt, das Tier in Ihrem Zimmer unterzubringen.
Dabei die Fragen:
Geruchsbelästigung: muß das Zimmer hinterher für einige Tage gesperrt werden, um Gerüche zu vertreiben? Das verursacht zusätzliche Mehrkosten für Sie.
Beim Aufzugfahren in geschlossener Kabine mit anderen Gästen, Beschädigungen?

Unterzeichner ist zwar Hundeliebhaber, hat mit Pumas aber keine Erfahrung. Es wäre hier nur an die Anwesenheit anderer Gäste zu denken, die sicherlich trotz zahmem Tier Angstgefühle entwickeln können.

Ein weiterer Punkt, der Beachtung finden sollte:
Das Zimmer müßte von dienstbaren Mitarbeitern begangen werden:
1. bei Reinigung, 2. bei Schäden wie Feuer oder Wasser. Dies kann aber auch bei Hunden zu Schwierigkeiten führen, die ja meist nur nachts bei Anwesenheit der sie betreuenden Personen zugegen sind.
Oder nehmen Sie tagsüber das Tier mit?

Die Versorgung bereitet sicherlich keine Schwierigkeit, dürfte jedoch sehr kostspielig werden, da es sich bei der Qualität unserer Waren um Spitzenqualität handelt.

Zu Ihrer Information: Unser Nachbar in Zürich, ehemaliger Zoodirektor, hat nebst zwei Pumas einen zahmen schwarzen Panther in seinem Haus. Aber als Fremder ist für mich hier jeweils bei Besuchen Vorsicht geboten, obwohl die Tiere äußerst zutraulich sind. Nebenbei, nicht jedermanns Sache.

Mit freundlichen Grüßen
STEIGENBERGER HOTEL BONN

W.D. Wehr
Direktor

PS: DIESES HOTEL KANN MAN WEITEREMPFEHLEN!!!
ANDERE HOTELS WAREN WENIGER ENTGEGENKOMMEN

W. Bornemann.

Drucksache
IST DAS EIN POLNO ?
Drucksache
Hast du schön Bolnemanns 為本厲* gelesen ?
* BORNEMANNS BRIEFMACHEN

Winfried B o r n e m a n n

4504 Georgsmarienhütte, den 28.1.81
Am Fillerschloß 47

Geschäftsleitung
WOELM PHARMA GMBH
Postfach

3440 ESCHWEGE

37

Betr.: Fieber Schnelltest

Sehr geehrte Damen und Herren,

seit frühester Kindheit verweigere ich das Fieberthermometer. Es darf vermutet werden, daß mein damaliger Erzieher schwere rectale Fehler gemacht hat. Außerdem bin ich unter dem Arm nicht fieberbeständig. So ist es schon vorgekommen, daß ich trotz stärkster Schüttelfröste nur 37,1 über Null aufs Thermometer bekam. Aus diesem Grunde begrüße ich jede Erfindung, die mir mein Fieber sicher und unwiderlegbar bestätigt. Kein umständliches Ablesen von Zehnteln und Hundertsteln, sondern einfach ein großes N + F (Normal + Fiebe r) auf schwarzem Grund, schon weiß man, daß man krank ist. Ich habe den Fieberstreifen immer in der Brieftasche und überprüfe manchmal mitten in der Arbeit, ob noch das N aufleuchtet, oder schon das F sichtbar wird. Neulich war ich mit Freunden in einer großen Diskothek. Nach ein paar harmlosen Tänzchen hole ich meinen Streifen raus.....N + F..Ich hatte Fieber. Gar nichts war passiert. Nach Meinung von Freunden mußte es sich hier wohl um das bekannte DISCO FIEBER handeln. Deshalb meine Frage an den Hersteller: Kann das wohl sein? Hatten meine Freunde recht? Wir warten alle auf eine Antwort.

Mit freundlichem Gruß

Woelm Pharma

Geschäftsleitung

Woelm Pharma
GmbH & Co.
Postfach 840
3440 Eschwege

Max-Woelm-Straße
Telefon: (0 56 51) 85 81
Telex: Woelm 09-93 222
Telegramm: Woelm Eschwege

Rechtsform : Kommanditgesellschaft
Registergericht : AG Eschwege HR A 1187

Herrn
Winfried Bornemann
Am Fillerschloß 47

45o4 Georgsmarienhütte

6. Februar 1981
hk-mk

Betr.: Fieberschnelltest

Sehr geehrter Herr Bornemann!

Ich habe mit Interesse Ihr Fieberschnelltest-Schreiben gelesen.

Wie Sie wissen, handelt es sich dabei nur um einen Test. Im echten Krankheitsfall sollte ganz sicher der Temperaturverlauf mit einem Thermometer überprüft werden. Der Fieberschnelltest ist niemals als Thermometer-Ersatz gedacht gewesen.

Was Ihr Disco-Erlebnis anlangt, wäre vielleicht daran zu denken, daß Ihre Stirn doch feucht war, und bekanntlich hat dies einen Einfluß auf die Reaktion des Streifens, worauf wir ja auch aufmerksam machen. Sollte dies aber für den damaligen Abend nicht zutreffend sein, so habe ich auch keine andere Erklärung, als daß es sich dabei um das berühmte "Disco-Fieber" gehandelt hat - womit dann Ihre Freunde recht gehabt hätten.

Mit freundlichen Grüßen

Dr. H. Kranz
Geschäftsführer

Winfried Bornemann

4504 Georgsmarienhütte, den 15.2.81

Am Fillerschloß 47

Geschäftsleitung
Unifranck Lebensmittelwerke GmbH

714 LUDWIGSBURG

38

Betr.: LINDES Kaffee-Ersatz-Mischung

Sehr geehrte Damen und Herren,

bei der Grobsortierung meines Vorratskellers fiel mir soeben ein Paket LINDES Kaffee in die Hände. Das aufgeklebte Preisschild von DM 1,29 für 25o g läßt vermuten, daß ich das Päckchen wohl in den frühen sechziger Jahren erworben haben muß. Bei einer ersten Geruchsprobe schlägt mir das volle Aroma eines ausgereiften Muckefucks entgegen. Schon bin ich bereit, einen Selbstversuch zu wagen und ein Kännchen von dem "Schwarzpulver" aufzubrühen, als mich meine Frau zurückpfeift. Erstens, so sagt sie, habe sie wohl vollstes Verständnis für meine nostalgische Ader, anderseits solle ich aber auch meine Verantwortung als Familienvater nicht vergessen. Schließlich erinnert sie mich noch an den Spruch:"Nichts ist gemeiner als reiner Kathreiner." Dennoch: Ich möchte gern mal naschen. Deshalb meine Frage an Sie:
Kann ich ohne Gefahr für Leib und Seele den etwa 15 Jahre alten Kaffee aufbrühen?
Was empfehlen Sie als Arzneimittel, falls mir doch schlecht werden sollte?
Und: Gibt es den LINDES Muckefuck heute überhaupt noch?
Meine Söhne schließlich fragen noch: Woraus wurde der seinerzeit überhaupt hergestellt? Alles Fragen eines ehemaligen Fans.

Mit tiefschwarzen Kaffeegrüßen

Winfried Bornemann

UNIFRANCK
LEBENSMITTELWERKE GMBH

UNIFRANCK Lebensmittelwerke GmbH, Postfach 800126, 8000 München 80

8000 München 80, Postfach 800126
Prinzregentenstraße 155
Fernruf (089) 4116-1
bei Durchwahl 4116 . . .
Fernschreiber 05-24131 aamu

Herrn
Winfried Bornemann
Am Fillerschloß 47

45o4 Georgsmarienhütte

Ihr Zeichen	Ihre Nachricht	Unser Zeichen	Durchwahl	Datum
		MG/pf	4116-636	2o. 2. 1981

LINDE'S Kaffee-Ersatzmischung

Sehr geehrter Herr Bornemann,

herzlichen Dank für Ihre freundlichen und amüsanten Zeilen.

Wagen Sie es ruhig und probieren Sie den Linde's Kaffee. Bei einigermaßen trockener Lagerung ist der Kaffee ohne gesundheitlichen Schaden genießbar.

Um die Frage Ihrer Söhne zu beantworten: Linde's wird heute wie damals aus Gerste, Malz, Roggen und Zichorie hergestellt.

Wir bedauern nur eines, Sie schreiben, daß Sie ein ehemaliger Fan sind. Darum möchten wir Ihnen ein Päckchen Linde's aus der "Jetztzeit" übersenden. Außerdem - vielleicht gewinnen wir Sie doch als gesundheitsbewußten Verbraucher - schicken wir Ihnen 1 Dose Caro und 1 Glas Kneipp Malzkaffee (das sind Linde's und Kathreiner in Instant-Form).

Wir hoffen, daß Ihnen unsere Produkte gut bekommen und verbleiben

mit freundlichen Grüßen

UNIFRANCK Lebensmittelwerke GmbH
Produktmanagement Getränke

J. Rummel   P. Felhofer

Anlagen

Sitz Ludwigsburg – Eingetragen beim Amtsgericht Ludwigsburg unter HRB 31 – Geschäftsführer: Dr. Gerhard Rüschen, Roland Pässler (stellv.), Dr. Heinz Schockenhoff (stellv.) – Vorsitzender des Aufsichtsrats: Alfred Mahler

BRIEFKASTENFIRMEN

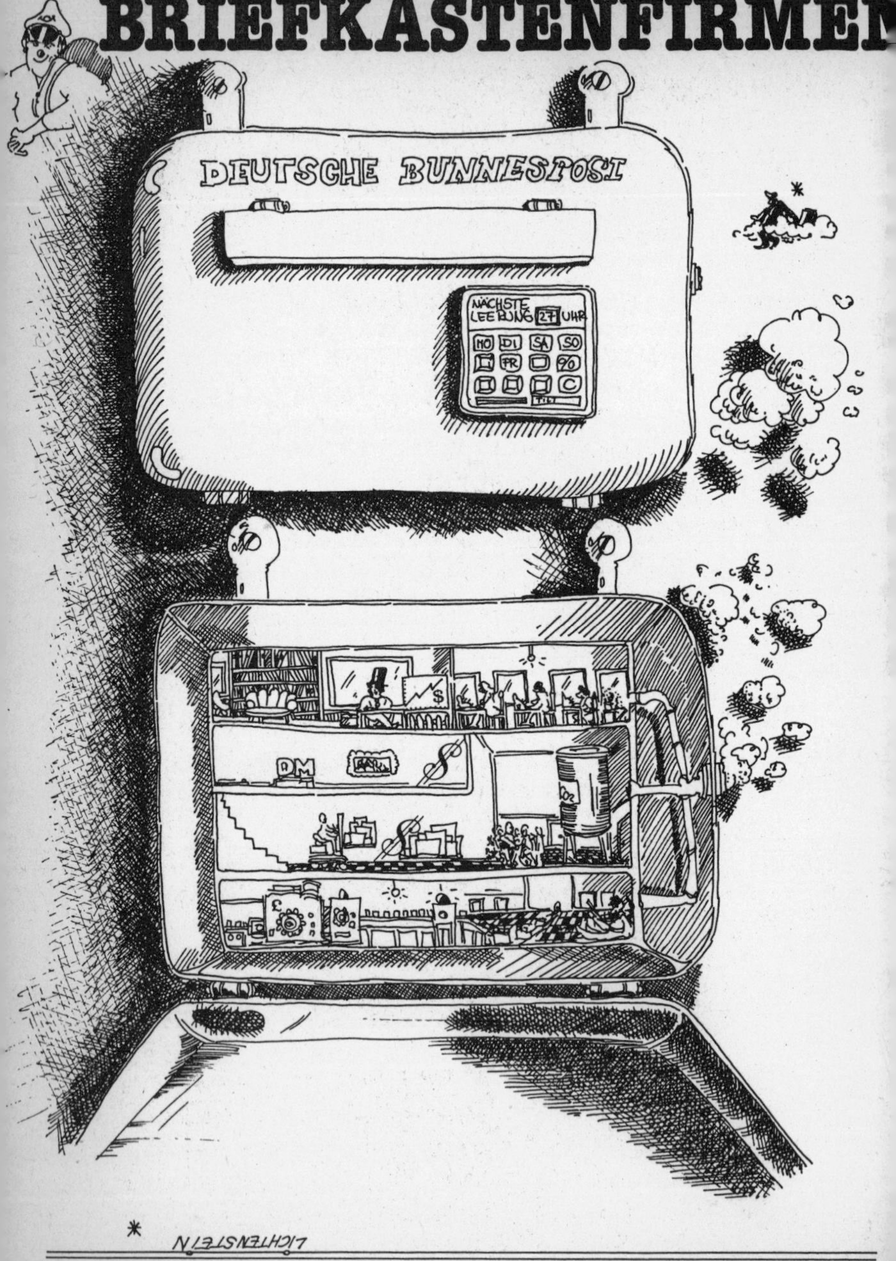

FÜR
ALLE
DIE-
JENIGEN
DIE
DAS BUCH
NUR QUER-
LESEN
WOLLEN.

Winfried B o r n e m a n n 4504 Georgsmarienhütte, den 29.1.81

Am Fillerschloß 47

Geschäftsleitung

ROLAND CHEMIE

Postfach

2000 HAMBURG

39

Betr.: DESAQUICK gegen Mundgeruch

Sehr geehrte Damen und Herren,

wenn man sich schon auf Werbung verläßt. In einer Ihrer schönen Anzeigen fand ich den Satz:"Sie treffen jemanden, der von Alkohol nichts hält, dann DESAQICK". Sowas prägt sich ein. Deshalb habe ich immer Desaquick im Handschuhfach, falls ich mal jemanden treffen sollte, der von Alkohol überhaupt nichts hält. Ihr Produkt als mein Schutzpatron. Denkste.
Neulich treffe ich zwei Herren mit grün-weißem Auto und Uniform, die sich mit mir unterhalten wollten. Sie wollte mir ein Gespräch aufzwingen. Ich bleibe stumm. Daraufhin darf ich in einen Ballon blasen. Ich steige ganz selbstbewußt aus, da mir ja mit Desaquick nichts passieren kann. Ich hatte vorsichtshalber gleich zwei Tabletten genommen, weil man ja als Beamter einen Instinkt für Vorsichtsmaßnahmen hat.... Die Röhre färbt sich, ich bin mein Scheinchen los. So ohne Auto hat man ja nun Zeit, einmal über die Ursachen des Mißgeschicks nachzudenken.
Ich bin fest davon überzeugt, daß Sie durch Ihre irreführende Werbung eine gewisse Mitschuld tragen. Stimmts? Das meint auch mein Freund Michael aus München, der studiert hat. Er hat mir auch den Tip gegeben, mal bei Ihnen nachzufragen, ob Sie nicht gegen solche Pannen versichert sind, durch Ihre Haftpflicht-oder Hausratsversicherung.?
Ich hoffe auf eine befriedigende Antwort.

Unalkoholisiert grüßt Sie

Winfried Bornemann

ROLAND
ARZNEIMITTEL HAMBURG

Roland Arzneimittel GmbH · Postfach 730820 · 2000 Hamburg 73

Herrn
Winfried Bornemann
Am Fillerschloß 47

4504 Georgsmarienhütte

Bargkoppelweg 66
2000 Hamburg 73
Tel. 040/6784011
Auftragsannahme Tag u. Nacht:
040/6784016
Telegramm: Rolandarznei
Telex. 2174725

Ihr Zeichen	Ihr Schreiben vom	Unser Zeichen	Datum
	29.01.1981	en-schl	5. März 1981

Sehr geehrter Herr Bornemann,

die Schilderung über Ihre Begegnung mit zwei Herren, die von Alkohol am Steuer überhaupt nichts halten, hat uns etwas betrübt. Offensichtlich waren Sie von der Mundgeruch beseitigenden Wirkung unseres "Desaquick" überhaupt nicht überzeugt, denn sonst hätten Sie sich mit den beiden aufdringlichen Gesprächspartnern doch ungezwungen und frei unterhalten können. Mit Ihrer "Stummheit" haben Sie doch geradezu das "Pusten" provoziert.

Darüber hinaus können wir uns eigentlich kaum vorstellen, daß gerade einem allgemein interessierten und informierten Beamten unbekannt sein sollte, daß man sich nach alkoholischen Genüssen besser nicht mehr ans Steuer setzt, sondern sich öffentlichen Verkehrsmitteln oder dem Taxi anvertrauen sollte.

Mit dem Hinweis "Sie treffen jemanden, der von Alkohol nichts hält ..." wird auf Situationen wie z.B. diese abgehoben: Ihre Gattin oder Freundin empfindet eine Alkoholfahne als unangenehm und verweigert Ihnen dann bei der Heimkehr den sonst üblichen Begrüßungskuß. Oder Sie gehen zum Tanzen in die Disco und wollen dort jemanden treffen, der von einer Alkoholfahne nichts hält. In diesen Fällen, die sich noch fortsetzen lassen, empfiehlt sich unser Desaquick und macht Sie sicher vor Mundgeruch.

Wir hoffen, daß Sie trotz der mißlichen Erfahrung unserem "Desaquick" die Treue halten und die Anwendung auf die empfohlenen Bereiche beschränken. Die Wirkung von "Desaquick" beruht auf der Beseitigung von Mundgeruch und nicht im Abbau von Alkohol.

Mit freundlichen Grüßen
R O L A N D
Arzneimittel GmbH

i.V. i.V.
- Rudolf Engl - - Christian Hartung -

Geschäftsführer: Dr. Klaus Eberhardt · Dr. Helmut Wagner · HRB 21511 Hamburg
Bankkonto: Commerzbank AG., Hamburg, BLZ 200 400 00, Kto.-Nr. 6351290 · Postscheckkonto: Hamburg 54020-204

Winfried Bornemann 4504 Georgsmarienhütte, den 27.2.81

Geschäftsleitung
JUNGHANS WOLLE
Gut Dämme Str. 4
5100 AACHEN

Betr.: STRICKMÜHLE

Sehr geehrte Damen und Herren,

ich schreibe hauptsächlich im Namen meiner Frau, die mich wegen eines Pullovers, der heute noch fertig werden soll, mit diesem Brief beauftragt hat. Vor mir steht die besagte Strickmühle. Ein kaffeemühlenartiges Plastikgebilde mit rotierenden Scharniernähnadeln. Als Kinder haben wir zu ihrer Schwester aus Holz "Strickliesel" gesagt. Ich habe mir auf diesem einfachen Ding damals ganz ansehnliche Schals gestrickt. Unsere Söhne sind nun auch im strickfähigen Alter. Aus diesem Grunde haben sie zu Weihnachten statt eines ferngesteuerten Autos je eine Strickmühle bekommen. Anfangs hielt sich die Begeisterung in Grenzen, doch dann riß der Faden, bzw. platzte der Knoten... Apropos Fadenriß.. Zum Stricken sind meine Söhne bis heute nicht gekommen, weil...wie ich schon sagte. Auf den Prospekten kann man damit ja richtige Wunderdinge stricken. Wir dagegen haben bis heute mit dem Gerät nur ein gepflegtes Wollchaos vollbringen können. Oberhalb der rotierenden Nadeln entstand ein Kuddelmuddel, der schließlich zum Fadenriß führte. Jeder wollte es besser können. Schwager Heinz wollte seine Heimwerkerroutine ausspielen. Vergeblich. Selbst unsere strickerprobte und wollerfahrene Großmutter (40 Jahre unfallfreies Stricken, Häkeln und Klöppeln, Goldenes Strickabzeichen, Bundeswollverdienstkreuz am Faden) erzeugte nur einige luftmaschenartige Gebilde. Ihr Kommentar kurz und deutlich: "Und sowas nennt sich Strickmaschine!! Ihr hättet was ordentliches kaufen sollen." Nun habe ich Ihnen schon einen Teil der familiären Stricksituation geschildert. Nun mal ehrlich! Geht das Ding wirklich? Ich schicke es Ihnen zur Inspektion zurück. Untersuchen Sie die Mühle in Ihren Spezialwerkstätten doch mal auf Herz und Nieren. Können Sie mir den Erfinder nennen? Ich möchte ihm ein paar wollig flauschige Grüße senden. Wir alle hoffen, daß Sie uns nicht allzu böse sind und uns bald eine generalüberholte Mühle zuschicken. Denn: es gibt noch viel zu stricken, packen wir für heute ein.

Maschenhaft Grüße von

Winfried Bornemann

40

Junghans Wolle

Handstrickgarne · Handarbeiten
Teppiche zum Selbstknüpfen

GESCHÄFTSLEITUNG

Herrn
Winfried Bornemann
Am Fillerschloß 47

4504 Georgsmarienhütte

Aachen, den 12.03.1981

Sehr geehrter Herr Bornemann,

vielen Dank für Ihren humorvollen Brief vom 27.02.1981, den ich aber dennoch ernst nehmen möchte.

Bitte entschuldigen Sie, daß ich Ihnen erst heute schreibe. Aber auch in Aachen war Karneval; unser Betrieb blieb während der "Tollen Tage" geschlossen. Für die etwas verzögerte Beantwortung Ihres Briefes bitte ich daher um Ihr Verständnis.

Ihre anschaulichen, mit herrlichen Gags angereicherten Darstellungen lassen das Bild einer "strickwütigen Familie" von drei Generationen, die sich um ein mißverstandenes Wunderding (Strickmühle) "rauft", so lebendig werden!

Ich habe die Strickmaschine überprüft; sie ist völlig in Ordnung.

Sicherlich haben Sie alle in Ihrem Eifer die "Spielregeln" nicht so genau eingehalten. Sehr wichtig ist es, das Gewicht einzuhängen. Durch Strammziehen der Schnur nach unten kann oberhalb kein Wollstau entstehen. Und bitte, keine zu dicke Wolle nehmen und nicht zu schnell drehen! Die Zungen an den Nadeln müssen sich öffnen und schließen.

Im Prinzip ist die Strickmühle der hölzernen Strickliesel ähnlich; nur muß nicht - wie bei der "Liesel" - jede Masche einzeln abgestrickt werden. Wenn man's versteht, geht es mit der Kurbel der Strickmühle weitaus schneller.

Als Anlage sende ich Ihnen die Strickmühle mit einer längeren Probeschnur wieder zu und wünsche Ihnen allen viel Erfolg!

Bei dem Modell handelt es sich um ein französisches Produkt. Sicherlich werden sich die "wollig lauschigen" Grüße an den Erfinder erübrigen, wenn Sie jetzt - vielleicht im Teamwork - die Wunderdinge zustande bringen, die Ihnen der Prospekt verspricht.

Mit freundlichen Grüßen

Ihre
Junghans-Wolle Aachen

(Koenig)
Geschäftsführer

Anlage
1 Strickmühle zurück

Winfried Bornemann

4504 Georgsmarienhütte, den 17.05.1981
Fillerschloß

Deutscher Hotel und Gaststättenverband
z.Hd. Präs. Leo Imhoff
Kronprinzstraße 46

5300 Bonn 2

Betr.: Eröffnung eines schottischen Restaurants

Sehr geehrter Herr Imhoff,

ich habe mich in den letzten Jahren intensiv im Gaststätten- und Restaurabtbereich umgesehen, da ich ein eigenes Geschäft eröffnen möchte. Dabei ist mir aufgefallen, daß die sogenannten ausländischen Lokale nach wie vor großen Zulauf haben. Bei den Griechen und Chinesen sind oftmals nur noch Stehplätze zu bekommen. Alle Nationalitäten und rassischen Minderheiten haben bei uns ihr eigenes Lokal. Außer....... den Schotten. Die waren wohl bisher zu geizig, ein eigenes Lokal einzurichten. In diese Lücke nun möchte ich gern springen, obwohl auch ich den Pfennig gern zusammenhalte.
Ich habe deshalb folgende Fragen an Sie:
Gibt es schon irgendwo in Deutschland ein solches Lokal?
Wie beurteilen Sie die Chancen, mit einem solchen Lokal einen bescheidenen wirtschaftlichen Erfolg zu haben?
Eine vorläufige kleine Getränkekarte und die Geschäftsbedingungen habe ich Ihnen beigefügt.

Mit Grüßen geizt nicht

Winfried Bornemann

41

Auszug aus der Speise- und Getränkekarte des schottischen Lokals "Loch Nass"

Bier	0,200 l (im Moulin Rouge)		3,50 DM
	bei uns		1,20 DM
	Ersparnis		2,30 DM
Wiener Schnitzel			9,80 DM
	bei uns (einfach)		6,50 DM
	Ersparnis		3,50 DM
	zuzüglich	durchgebraten	0,30 DM
		paniert	0,20 DM
		mit Serviette	0,10 DM
Lokalrunde (bei 45 Personen in Bayern)			62,90 DM
	bei uns (Ober und Sie)		2,40 DM
	Ersparnis		60,50 DM

Allgemeine Geschäfts- und Zahlungsbedingungen:

1. Bei Einbruch der Dunkelheit werden pro Gast 0,20 DM * Beleuchtungszuschlag erhoben.
2. Bei fahrlässiger Verschmutzung der Papiertischdecke berechnen wir einen Zuschlag von 2,00 DM *
3. Telefonbenutzung pro Satz 0,20 DM *
4. Schüler und Studenten können verbilligt mit dem Ober und den Hunden die Reste essen (nach Geschäftsschluß)
5. Vom Tisch gefallenes Bargeld gehört dem Ober
6. Für offen zur Schau getragene Geldbörsen übernehmen wir keine Haftung

* zuzüglich Mehrwertsteuer

DEHOGA

DEUTSCHER HOTEL- UND GASTSTÄTTENVERBAND E. V.

FACHGRUPPE GASTSTÄTTEN UND VERWANDTE BETRIEBE

DEHOGA, Kronprinzenstr. 46, Postfach 200210, 5300 Bonn 2

Bad Godesberg
Kronprinzenstr. 46
Postfach 200210
5300 Bonn 2
Telefon: (0228) 362016-19
Telegramme: »DEHOGA«
Telex: 885489 hoga d

Herrn
Winfried Bornemann
Fillerschloß

45o4 Georgsmarienhütte

Ihr Zeichen	Ihre Nachricht	Unser Zeichen	Tag
	17.5.81	St	2. Juni 1981

Sehr geehrter Herr Bornemann,

da die einzelnen Gaststättenbetriebe, soweit sie organisiert sind, Mitglied im jeweiligen Landesverband sind, können wir Ihnen leider nicht sagen, ob es irgendwo in Deutschland ein schottisches Restaurant gibt.

Die Chancen, mit der Eröffnung eines derartigen Lokals auch einen wirtschaftlichen Erfolg zu haben, richten sich unter anderem nach der örtlichen Gegebenheit.
Wir würden Ihnen empfehlen, Ihre Anfrage an einen unserer Mitgliedsverbände, in dessen Verbandsbereich Sie evtl. ein Restaurant eröffnen wollen, zu richten. Ein entsprechendes Verzeichnis fügen wir bei.

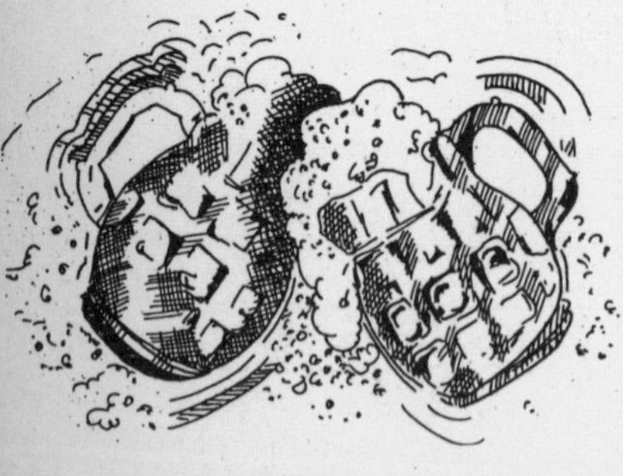

Mit freundlichen Grüßen

(Dr. Wahl)
Geschäftsführer

Bankkonten: Deutsche Bank AG 1 190 206 (BLZ 380 700 59) Postscheckkonto Amt Köln 186 13-507 (BLZ 370 100 50)
Publikations-Organe: „Allgemeine Hotel- und Gaststättenzeitung", Stuttgart „DGa Deutsche Gaststätte", Düsseldorf

„SIE SAGTEN DOCH LUFTPOST, ODER WAS ODER ÜBERHAUPT ?"

Winfried Bornemann

4504 Georgsmarienhütte, den 15.01.81
Am Fillerschloß 47

Firma
C. Ronning
-Geschäftsleitung-
Postfach

2800 Bremen

42

Betr.: "Brief und Siegel"

Sehr geehrte Damen und Herren,

was meine Trinkgewohnheiten angeht, habe ich eine lange Odyssee hinter mir. Erst lockte mich der Tee, dann stieg ich um auf Nescafe, und zwar volle Kanne. Inzwischen bin ich 36 Jahre alt, da wird man ruhiger und vorsichtiger, deshalb bin ich jetzt beim Filterkaffee gelandet. An vielen bedeutenden Probierständen in großen deutschen Kaufhäusern bin ich auf Ihre Marke gestoßen. Erst etwas vorsichtig, dann habe ich begierig genippt und zuweilen geschlürft. Zu H ause habe ich dann von meiner "Entdeckung" berichtet. Meine jacobsorientierte Frau blieb skeptisch. Bis heute. Sie will röstfrische Beweise. In meiner Hilflosigkeit habe ich Ihre Packung gedreht und gewendet. Da! Der Rettungsanker: "Für gleichbleibende Qualität garantieren wir mit Brief und Siegel" -Seit 1894!
Ich möchte Sie deshalb recht herzlich bitten, mir doch umgehend diesen Brief und das entsprechende Siegel zukommen zu lassen, damit ich es meiner Frau präsentieren kann. Schwarz auf braun, ungefiltert.

Mit freundlichen Grüßen

Winfried Bornemann

Arthur, das ist doch das Tschibo Männchen.

Melitta

BEREICH KAFFEE

errn
infried Bornemann
n Fillerschloß 47

504 Georgsmarienhütte

hen	Ihre Nachricht vom	Unsere Zeichen/Durchwahl	Zuständig	Bezirk	Datum
		K. 05 71/86 817			28.1.1981

Sehr geehrter Herr Bornemann,

vielen Dank für Ihr Schreiben vom 15.1.1981, das uns zur Bearbeitung von unserem Zweigwerk Carl Ronning, Bremen, übersandt wurde.

Wir freuen uns sehr, daß Sie mit unserem Ronning-Kaffee zufrieden sind. Damit Sie auch Ihre Frau von der gleichbleibend guten Qualität überzeugen können, übersenden wir Ihnen als Anlage eine kleine Kostprobe.

Wir wünschen Ihnen und Ihrer Frau angenehme Kaffeestunden und verbleiben

Anlage

mit freundlichen Grüßen

MELITTA-WERKE Bentz & Sohn
Bereich Kaffee
Abt. Marketing
i. A.:

Kruse

Winfried Bornemann

4504 Georgsmarienhütte, den 21.6.81

Fillerschloß

Geschäftsleitung
METABO Werke
Postfach
744 NÜRTINGEN

Sehr geehrte Herren,

ich arbeite seit vielen Jahren mit METABO mit vollster Zufriedenheit. Es gibt kein Zusatzgerät, das nicht im Keller steht. Da in der Wohnung augenblicklich keine Reparaturen mehr anstehen, möchte ich mein Betätigungsfeld dennoch erweitern. Ich möchte meinen Söhnen einige neue Plomben in die Zähne setzen. Deshalbe meine Frage an Sie. Haben Sie für diesen Zweck schon ein Zusatzgerät nebst den entsprechenden Bohrern entwickelt? Wenn nicht, so habe ich möglicherweise auch Ihrer Entwicklungsabteilung einen guten Tip gegeben. Bitte teilen Sie mir den Stand der Entwicklungen mit.

Mit besten Grüßen

Winfried Bornemann

43

Metabo

Metabowerke GmbH & Co.
Gerberstraße 31
Postfach 1229
D-7440 Nürtingen

Elektrowerkzeuge, Heimwerkgeräte, Tisch- und Säulenbohrmaschinen, Schleif-, Bandschleif- und Poliermaschinen, Transferstraßen, Schleifscheiben.

Metabowerke GmbH & Co., Postfach 1229, D-7440 Nürtingen

Herrn
Winfried Bornemann
Fillerschloß

4504 Georgsmarienhütte

Ihre Nachricht	Ihre Zeichen	Unsere Zeichen	Durchwahl	Tag
21.6.81	-	66/172	72-379	3. Juli 1981

Sehr geehrter Bornemann,

wir freuen uns mit Ihnen, daß Sie mit den METABO-Geräten voll zufrieden sind.

Leider müssen wir Sie enttäuschen, daß in unserer Entwicklungsabteilung Ihr Vorschlag "Zusatzgerät und Bohrer zum Einsetzen von Plomben in Zähnen" noch nicht aufgegriffen wurde. Wir werden dies auch im Laufe der nächsten Zeit nicht in Angriff nehmen, möchten Sie jedoch darauf hinweisen, daß mit unseren Geräten nicht nur Reparaturen möglich sind, sondern es können auch neue Gegenstände damit gebastelt werden.
Desweiteren haben wir Geräte für den Garten im Programm, die sicher auch für Ihre Gesundheit förderlich wären, wenn Sie diese am Wochenende benützen würden.

Mit freundlichen Grüßen
METABOWERKE GmbH & Co.
i.A.

(Kieser)

Metabowerke GmbH & Co.
Gerberstraße 31
Postfach 1229
D-7440 Nürtingen

Fernruf: (0 70 22) 721
Fernschreiber: 07-267 344
Drahtwort: Metabowerke

Kontoverbindungen:
BW-BANK Nürtingen (612 200 30) 1601632 100
Kreissparkasse Nürtingen (612 500 30) 48 210 333
Postscheckamt Stuttgart (600 100 70) 231 11-706

Die Gesellschaft ist eine Kommanditgesellschaft mit Sitz Nürtingen, Registergericht Nürtingen HRA 1520. Persönlich haftende Gesellschafterin ist die Metabowerke Verwaltungsgesellschaft mbH mit Sitz in Nürtingen, Registergericht Nürtingen HRB 870, Geschäftsführer: Heinz Closs, Hans Rauch-Christen, Albrecht Schnizler, Heinz Brüggemann, Walter Hahn, Gerhard Lauer.

Winfried Bornemann

4504 Georgsmarienhütte, den 18.6.81

Fillerschloß

Verband der
Deutschen Feinmechan. -und Optischen Industrie e.V.
z.Hd. Herrn v.der Trenk
Pipinstr. 16
5000 KÖLN

44

Sehr geehrter Herr von der Trenk,

ich bitte Sie höflichst um die Beantwortung der folgenden Frage:
Empfiehlt es sich die Brille abzusetzen, wenn es nichts zu sehen gibt.?
Ich habe ständig Streit mit meinem Sohn, der diese meine Empfehlung nicht akzeptieren will. Da ich aus einer Familie stamme, wo das Tragen einer Brille zur Tradition gehört, habe ich diesen Ratschlag von meinem Großvater übernommen und verinnerlicht. Ich bin der festen Überzeugung, daß somit die Lebensdauer der (wertvollen) Brille meines Sohnes wesentlich erhöht wird.
Sehe ich das richtig?

Hochachtungsvoll

Winfried Bornemann

Verband der Deutschen Feinmechanischen und Optischen Industrie e. V.

Herrn
Winfried Bornemann
Fillerschloß
45o4 Georgsmarienhütte

Ihr Schreiben vom	Ihr Zeichen	Unser Zeichen	Pipinstraße 16, D-5000 KÖLN 1
18.6.81		Ia/Dr.Tr/Pf	24.6.1981

Sehr geehrter Herr Bornemann !

Die Frage ist aus der Ferne nicht so leicht zu beantworten, weil man dazu wissen müsste, in welchem Ausmaß Ihr Sohn fehlsichtig ist. Ob nun allerdings die Lebensdauer einer Brille durch öfteres Absetzen verlängert wird, erscheint mir, ehrlich gesagt, fraglich. Scharniere, Bügel und die Aussenflächen der Gläser werden m.E. bei einem öfteren Auf- und Absetzen eher mehr in Anspruch genommen, als wenn man die Brille ständig trägt. Dabei gehe ich natürlich davon aus, daß der Brillenträger nicht etwa einem Beruf nachgeht, bei dem die Brille, z.B. beim Arbeiten in der Werkstatt, in besonderer Weise strapaziert werden könnte.

Ich bedauere, daß ich Ihre Frage nicht in der gewünschten Weise präzise beantworten kann, aber aus der Ferne soll man immer mit Ratschlägen vorsichtig sein, denn diese Ratschläge sind rein theoretischer Art und gehen an der Lebenspraxis vorbei.

Mit freundlichen Grüssen

(Dr.v.d .Trenck)

Telefon: (02 21) 21 94 58 Telegrammadresse: Feinoptik Köln Telex: 8 882 226 fovb

Winfried Bornemann

4504 Georgsmarienhütte, den 18.6.81

Am Fillerschloß 47

Institut für Erdölforschung
Herrn Prof. Dr. H. H. Oelert
Am kleinen Felde 3o
3000 HANNOVER

Betr.: Erdöl in meinem Garten?

Sehr geehrter Herr Professor Oelert,

im Zeichen einer weltweiten Energieverknappung ist jeder Bürger aufgerufen, mögliche Energiereserven aufzuspüren. So habe ich in meinem Garten beobachtet, daß sich zunehmend braune Flecken im Gras bilden, was möglicherweise darauf schließen läßt, daß Erdöl den Weg zur Oberfläche sucht. Außerdem ist festzustellen daß an diesen Stellen keinerlei Regenwürmer zu finden sind. Diese untrüglichen Zeichen werden Ihnen bekannt vorkommen.
Bitte teilen Sie mir in einer ersten Stellungnahme mit, welche weiteren Schritte ich zu unternehmen habe
Wie sehen eigentlich die juristischen Aspekte aus, falls sich meine Vermutungen bewahrheiten sollten? Wem sollte man die Bohrungsrechte übertragen?

Hochachtungsvoll

Winfried Bornemann

45

INSTITUT FÜR ERDÖLFORSCHUNG

Anstalt des öffentlichen Rechts

- Der Direktor -

Am Kleinen Felde 30
3000 HANNOVER
Fernruf (0511) 712347/48
Konten:
Norddeutsche Landesbank – Girozentrale –
Hannover Nr. 4495 – BLZ 25050000
Postscheck-Kto. Hannover Nr. 5-307
BLZ 25010030

Institut für Erdölforschung · Am Kleinen Felde 30 · 3000 Hannover

Herrn
Winfried Bornemann
Am Fillerschloß 47

4504 Georgsmarienhütte

Ihr Zeichen	Ihre Nachricht vom	Unser Zeichen	Tag
	18.6. u. 15.8.81	Oe/Hs	26. August 1981

Sehr geehrter Herr Bornemann!

Leider kann ich Ihre Schreiben vom 18.6. u. 15.8. erst jetzt beantworten. Nach der geologischen Situation und weiteren Erfahrungen ist es höchst unwahrscheinlich, daß in Ihrem Bereich oberflächennahe Erdölvorkommen sind. Zuständig wäre wohl das Nds. Geologische Landesamt, Hannover-Buchholz, sowie die zuständige Bergbehörde. Zuvor müßte aber durch ein geeignetes Laboratorium festgestellt werden, welche Stoffe tatsächlich in Ihrem Boden vorhanden sind. Solche Untersuchungen sind mit erheblichen Kosten für Sie verbunden. Deswegen empfehle ich, einige einfache Tests selbst vorzunehmen.

Graben Sie an der wahrscheinlichsten Stelle ein Spatenloch ca. 60 cm tief. Schlämmen Sie den Aushub in einem Behälter mit möglichst wenig Wasser intensiv auf. Sofern merkliche Kohlenwasserstoffanteile vorhanden sind, müßten sie sich als"Ölfilm" auf dem Wasser schwimmend zeigen. Ferner sollte sich Erdöl auch durch Geruch in dem ausgehobenen Loch anzeigen. Füllen Sie das ausgehobene Loch zu 2/3 mit Wasser und beobachten Sie über mehrere Tage die Wasseroberfläche, ob sich ein "Ölfilm" sammelt. Erst wenn diese Beobachtungen eindeutig positiv sind, sollten Sie weitere Maßnahmen ergreifen, z. B. eine Bodenuntersuchung machen lassen. Hierzu kann Ihnen sicher die zuständige Landwirtschaftskammer, der Bauernverband oder auch eine Raiffeisenverkaufsstelle weiterführende Hinweise geben. Sollten sich wirklich Erdölanteile finden, könnten wir diese dann na-

Sitz des Instituts: Clausthal-Zellerfeld · Direktor: Prof. Dr. rer. nat. Hans-Henning Oelert · Stellv. Direktor: Prof. Dr. rer. nat. Hans-Joachim Neumann türlich auch untersuchen. Wir sind aber nicht für Bodenproben oder geologische Fragen zuständig.

Mit freundlichem Gruß

(Prof. Dr. H.H. Oelert)

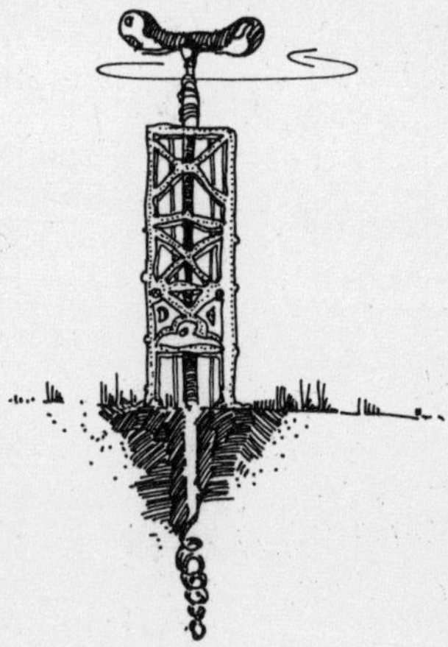

Herrn Winfried Bornemann

4504 Georgsmarienhütte

Am Jillerschloss 47

Leiber Winfried.

DER SCHWEISS ODER AUCH BLUT-HUND GUCKT TRAURIG, WENN ER NICHT SCHWITZEN UND BLUTEN KANN. – WAHRSCHEINLICH HAT SEIN DEODORANT VERSAGT. Z.

Arthur

Winfried Bornemann

4504 Georgsmarienhütte, den 18.6.81

Fillerschloß

Deutsches Institut für Normung
-Der Präsident -
Burggrafenstr. 4-10
1000 Berlin 30

Betr.: Änderung der Zeiteinteilung

Sehr geehrter Herr Präsident,
mir ist aufgefallen, daß die Leute mit Ihrer Zeit nicht mehr auskommen. Allgemeir Hektik, Streß und viele psychische Krankheiten sind die Folge. Das kann nicht s o weiter gehen. Ich möchte deshalb bei Ihrem Institut folgenden Vorschlag zur Prüfung einreichen.
Der Tag wird auf 48 Stunden verlängert. Die Woche besteht somit nur noch aus drei Tagen. Der Sonntag behält wie gehabt 24 Stunden. Die Tagesnamen Dienstag, Donnerstag und Samstag entfallen. Es ergeben sich keinerlei Konsequenzen für die 4o Stunden Woche, da am Freitag nur halbtags gearbeitet wird. Die Gewerksch werden jubeln, die Leute haben wieder viel Zeit. Sie sehen, viele Probleme des täglichen Lebens sind in Wirklichkeit nur Definitionsprobleme. Aber wem sage ich das. Eventuell anfallendes Honorar für meinen Vorschlag bitte ich der Stiftung Spazierengehen e. V. in 6719 Weisenheim zu überweisen.
Für die Beantwortung evtl. Fragen stehe ich gern zur Verfügung.

Mit besten Grüßen

46

DIN Deutsches Institut für Normung e.V.

Der Präsident

DIN

Mitglied der
Internationalen
Organisation
für Normung (ISO)

Telefon: (030) 26 01-1
Burggrafenstraße 4-7
1000 Berlin 30

Herrn
Wilfried Bornemann
Fillerschloß

4504 Georgsmarienhütte

1. September 1981

Änderung der Zeiteinteilung

Sehr geehrter Herr Bornemann!

Der Präsident des DIN hat Ihre Zeilen aufmerksam gelesen, sieht zu seinem Bedauern aber keine Möglichkeit zur Verwirklichung Ihres Vorschlags.

Wir können deshalb auch kein Honorar auf das von Ihnen angegebene Konto überweisen.

Mit freundlichem Gruß

Sekretariat des DIN-Präsidenten

Tetzner

Winfried Bornemann

4504 Georgsmarienhütte, den 15.2.81

Am Fillerschloß 47

DEUTSCHE BUNDESBANK

Postfach 2633

6000 Frankfurt 1

Betr.: SCHOKOLADENMÜNZEN in Automaten

Sehr geehrte Herren,

ich besitze einen Süßwaren - Automaten, der für eine DM Schokolade und andere Süßigkeiten freigibt. Jahrelang habe ich mit diesem Gerät keinen Ärger gehabt. In letzter Zeit ist der Umsatz zwar gestiegen, der Gewinn allerdings immer kleiner geworden. Grund: In der Münzkasse liegen neben einigen echten Markstücken immer mehr täuschend ähnliche Schokoladentaler. Da sie meist eine goldene Farbe haben, fallen sie sofort ins Auge. Außerdem sind sie im Sommer infolge der Wärme meist verbogen. Ich stehe hier vor einem Rätsel, das auch meine Frau nicht lösen kann. Einerseits sind die Taler etwas leichter, andererseits haben sie die gleiche Größe eines Markstücks.

Werden diese Schokoladentaler auch bei Ihnen hergestellt?

Haben Sie schon öfter von solchen Vorfällen gehört?

Leider kann ich Ihnen im Augenblick keine Schokoladenmünze beilegen, da sich mein Sohn immer darauf freut und sie in der Nachbarschaft verteilt.

Hochachtungsvoll

Winfried Bornemann

47

DEUTSCHE BUNDESBANK

Deutsche Bundesbank · Postfach 26 33 · 6000 Frankfurt 1

Herrn
Winfried Bornemann
Am Fillerschloß 47

4504 Georgsmarienhütte

Ihr Zeichen, Ihre Nachricht vom	Unser Zeichen	☎ (0611)	Frankfurt am Main
15.02.1981	H 122	158- 37 22 oder 158-1	19. Februar 1981

Betreff
Schokoladenmünzen in Automaten

Sehr geehrter Herr Bornemann,

mit Interesse haben wir von dem Inhalt Ihres Schreibens Kenntnis genommen und bemerken dazu folgendes:

Schokoladentaler werden von der Bundesbank (natürlich) nicht hergestellt oder ausgegeben. Auch ist uns bisher kein Fall bekanntgeworden, in dem ein Warenautomat "Schokoladentaler" anstelle echter 1-DM-Münzen angenommen und dafür Waren abgegeben hätte.

Wir empfehlen, den Automaten-Münzprüfer in Ihrem Süßwarenautomaten exakt justieren zu lassen oder, falls es sich um ein älteres Modell handelt, einen modernen und leistungsfähigen Automaten-Münzprüfer einbauen zu lassen.

Die von Ihnen geschilderten Verluste dürften sich damit vermeiden lassen.

Hochachtungsvoll
DEUTSCHE BUNDESBANK

Bankgebäude	Postanschrift für Wert- und Eilbriefe	Telex	Telegramm-Kurzanschrift	Bankleitzahl (BLZ)	S. W. I. F. T.
Wilhelm-Epstein-Straße 14 Frankfurt am Main	Wilhelm-Epstein-Straße 14 6000 Frankfurt 50	4 1 227 4 14 431	NOTENBANK FRANKFURTMAIN	504 000 00	MARK DE FF

Du kannst mich mal von hinten lecken!
DEUTSCHE BUNDESPOST
60
EUROPA

Ich verurteile Sie zu 60 Pfennig Strafporto *
PECUNIA NON OLET
GESCHEIT LE.
STRAF
* ersatzweise 2 Wochen Telefonzelle

Winfried Bornemann 4504 Georgsmarienhütte, den 3.8.81

Am Fillerschloß 47

Lieber Ronald,

Du hattest doch schon immer ein sicheres Sprachgefühl und konntest auch komplizierte Sachen einfach ausdrücken. Ich habe da so meine Probleme. Lies doch mal bitte die beigefügten Briefe durch und begutachte sie. Wie findest Du den sprachlichen Gehalt, kann man die Briefe wohl so veröffentlichen?

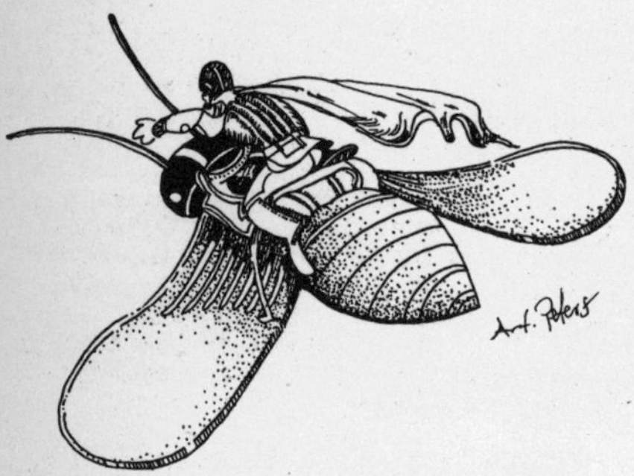

Mit besten Grüßen Dein

Übrigens: Arthur hat schon mit den Zeichnungen für das Buch angefangen, die Lokuswand wird Spitze.

48

Ronald Geyer 34 Göttingen, den 21.8.81
Lotzestr. 33

Lieber Winfried,
ich bin es ja inzwischen gewöhnt,immer dann von dir zu hören,wenn Du etwas von mir willst! Ich will Deiner Bitte aber dennoch entsprechen.Allerdings geht es hier nicht um mein Sprachgefühl(davon hast Du ja schon damals in der Schule immer profitiert),sondern laß mich ein paar allgemeine Anmerkungen über Syntax,Lexikon und MorphemeDeiner Briefe machen.
Wie wir aus dem Modell des taxonomischen Strukturalismus wissen, sind Sätze nichts anderes als strukturierte Wortketten.Dabei sind Tiefenstruktur und Oberflächenstruktur im generativ-transformatorischen Sprachmodell durch Transformation miteinander verbunden. (Bei dir etwa der Würfelzuckel mit der 3.Lesung im Bundestag) Von besonderer Bedeutung sprich: Relevanz ist natürlich die Verbalkonstituente. Die fehlt aber häufig bei Dir,in Ansäzen findet sie sich im Brief an die Exil CDU.(Blättere mal wieder in Deinen alten Aufsätzen.
Bei der Analyse der Morphemik läßt sich die sprachliche Intuition (Du würdest sagen: das Sprachgefühl) gut intersubjektiv verifizieren und falsifizieren,wobei ich versucht habe,einen Korpus von Sprachdaten und die auftretenden Morpheme zu ermitteln und zu klassifizieren.Sematisch-linguistischer und syntaktischer Kode lassen dabei zu wünschen übrig,wie überhaupt.Moment,ich muß mal eben austreten....
Ach ja..Die paradigmatischen und syntagmatischen Beziehungen könen hier nicht weiter überprüft werden,aber wem sage ich das?
Bei der Untersuchung der Lexika ist vor allem die Redundanz verschiedener Begriffe auffällig.Das dürfte in enger Relation Deiner Allomorphe mit den Pluralmorphemen stehen.Ich glaube, deshalb warst Du ja auch schon früher mal in Behandlung.
Vielleicht hättest Du bei den Präteritumformungen stärker auf Null Allomorphe achten sollen.Du weißt doch noch:„-e:-e∞-erä<a∞ ∅
Übrigens: Deine Selektionsrestriktionen gehen voll in Ordnung,selbst bei dem Brief an diese Nudelfirma.Fast schon beckenbaueroresk,wie Du die liberogenen Sprachzonen aufhellst.
Ganz allgemein ist mir aufgefallen,daß das soziologisch-historische Feedback in Deinen Briefen nicht ganz rüberkommt.Zu viele Sprach - elfmeter,wobei der Farbbandwechsel sträflich von Dir dekompensiert wird.
So,Du kannst Dir ja nun selber einen Reim auf Deinen Postverkehr machen.Um Deine abschließende Frage zu beantworten:Veröffentlichen läßt sich heutzutage alles.Damit Dein Buch gekauft wird,kann man Dir nur eines wünschen: toi,toi,toi.
Ach so, einen lieben Gruß bitte auch an Deine Kinder und an Birgit. Sag ihr,daß ich die Brigitte-Hefte zurückschicke,sobald ich den Pullover fertig gestrickt habe.

Es grüßt Dich

Lieber Leser
Dies Buch ist jetzt zu Ende !!
W. Pommemann.
(LEHRER)
(GRAFIK-DESIGNER)
Zugabe!!!
LESER
KLATSCH

Winfried Bornemann

4504 Georgsmarienhütte, den 29.1.81

Am Fillerschloß 47

GISELA Krankenschutz

Warngauer Str. 42

8000 MÜNCHEN 90

49

Betr.: SELBSTHEILUNG - Mitgl.nr. 199 403

Sehr geehrte Damen und Herren,

bis jetzt war ich für Sie ein problemloser Versicherungsnehmer, der pünktlich seinen Beitrag entrichtet und obendrein kaum krank ist. Ich trage nun aber seit den Sommerferien ein schwieriges versicherungsrechtliches Problem mit mir herum, das auch in meinem Freundeskreis nicht geklärt werden konnte, so daß ich mich an Sie wenden möchte.

Im Sommer 1980 habe ich mit meiner Frau auf der Sonnenbergalm in Hippach Urlaub gemacht. Dort erkrankte ich halsmäßig derart geschwollen, daß ich trotz Schal und guten Rezepten der Sennerin nicht umhin kam, mich mit dem Arzt im Dorf in Verbindung zu setzen. Es ging tüt-tüt-tüt.... Mit anderen Worten. Der Arzt war nicht da oder selbst krank. Da saß ich nun hoch auf der Alm ohne Hoffnung auf ärztlichen Beistand. Ich wurde kreativ. Während meiner Rangerausbildung bei der Bundeswehr hatte ich gelernt, daß bei Halsschmerzen ein E i s schnelle Linderung bringt. Erinnert -getan.

Die Sennerin befragte ihre Kühlkiste und übergab mir ein frostfrisches Nogger-Eis von Langnese. Mit Transport-und Lagerkosten habe ich insgesamt 1,20 DM bezahlt, ausgelegt. Um diesen Betrag geht es nun. Ich bin sicher, daß Sie eine Übernahme der angefallenen Kosten nicht ablehnen werden, zumal ich Ihnen kein Schmerzensgeld in Rechnung stelle.

Die Hülle des Eises liegt geknickt bei mir im Schreibtisch und kann von Ihnen jederzeit als Quittung abberufen werden. Eine Erstattung in Briefmarken würde ich auch akzeptieren.

Mit immer noch leichten Schmerzen grüßt

Winfried Bornemann

Trotz vier Mahnschreiben und beigelegter „gelber Karte" war meine Versicherung nicht bereit, mir zu antworten und die entstandenen Kosten für meine Selbstheilung zu übernehmen. Deshalb war es verständlich, daß ich den Instanzenweg beschritt und die vorgesetzte Stelle um eine Vermittlung bat.

Verband der privaten
Krankenversicherung e.V.
Geschäftsführung

5 Köln 51
Bayenthalgürtel 26
Postfach 51 1040
Telefon (0221) [redacted]
Telegrammanschrift
Pekavauverband
Neue Tel. Nr. 3 76 10 61

Verband der privaten Krankenversicherung e.V. · 5 Köln 51 · Postf. 51 1040

5. Juni 1981
Az.: 501/75 S/th

Herrn
Winfried Bornemann
Am Fillerschloß 47

4504 Georgsmarienhütte

Betr.: Ihr Versicherungsverhältnis bei der Gisela Krankenversicherung a.G., München
Bezug: Ihr Schreiben vom 15. 5. 1981

Sehr geehrter Herr Bornemann,

daß es für Sie ein schwieriges und ärgerliches Problem ist, mit dem Sie sich nun schon geraume Zeit auseinandersetzen müssen, wollen wir gern zugestehen; versicherungsrechtlicher Natur allerdings ist es, so fürchten wir, wohl nicht. Nach den Allgemeinen Versicherungsbedingungen werden nur die Kosten einer medizinisch notwendigen Heilbehandlung durch einen niedergelassenen approbierten Arzt und ggf. auch einen Heilpraktiker sowie die ärztlich verordneten Arzneimittel erstattet. Bei dieser Definition des Versicherungsfalls können die Kosten für ein Langnese-Eis, auch wenn es noch so hilfreich gewesen sein mag, leider nicht übernommen werden. Die private Krankenversicherung begrüßt es angesichts der Kostenexplosion im Gesundheitswesen jedoch sehr, wenn Versicherte in geeigneten Fällen auch einmal Hausmittel greifen, und bietet mit ihren Selbstbehaltsversicherungen Tarife an, die einem solchen Verhalten Rechnung tragen und erhebliche Beitragsersparnisse ermöglichen. Ihr Versicherer - dem wir eine Kopie Ihres Briefes an uns sowie unseres Antwortschreibens übermittelt haben - wird Sie in dieser Frage sicher gern beraten.

* zu einem

Vielleicht können wir zur Milderung der Ihnen entstandenen Auslagen wenigstens in gewissem Umfang beitragen, indem wir Ihnen Ihre Briefmarke wieder zurückschicken - selbstverständlich antworten wir auch ohne Rückporto!

In der Hoffnung, daß Sie den nächsten Urlaub unbehelligt von Halsschmerzen und anderen Mißlichkeiten verbringen können, verbleiben wir

mit freundlichen Grüßen

Die Geschäftsführung

i. A.

Sahmer

(Sahmer)

Landkreis Osnabrück

DER OBERKREISDIREKTOR

Landkreis Osnabrück · Postfach 25 09 u. 25 20 · 4500 Osnabrück

Herrn
Winfried Bornemann
Fillerschloß

4504 Georgsmarienhütte

Verwaltungsgebäude *OSNABRÜCK*
Straße
E.-M..Remarque-Ring 14
Dienststelle Amt für öffentliche Sicherheit und Ordnung
Auskunft erteilt Herr Galling
Zimmer III/10
Tel.-Vermittlung (05 41) 34 71
Tel.-Durchwahl 347-429

Datum und Zeichen Ihres Schreibens

Mein Zeichen 32.1-21 Gal/B

Kassenzeichen

bei Zahlung bitte angeben

Datum 14.08.81

Heilpraktikererlaubnis/Arztwesen

Sehr geehrter Herr Bornemann!

In der oben bezeichneten Angelegenheit bitte ich, zwecks Klärung einiger Fragen, um Ihre Vorsprache an einem der unten genannten Sprechtage.

Mit freundlichem Gruß
Im Auftrage

Galling

KONTEN DER KREISKASSE OSNABRÜCK
Kreissparkassen
Osnabrück 201 269 (BLZ 265 501 05)
Bersenbrück 010 000 404 (BLZ 265 515 40)
Melle 100 214 (BLZ 265 522 86)
Stadtsparkasse Osnabrück 14 142 (BLZ 265 500 01)
Postscheckkonto Hannover 111 92 300 (BLZ 250 100 30)

SPRECHZEITEN
Mo. u. Do. 8.00 - 12.30 Uhr
Straßenverkehrsamt, Veterinäramt u. Gesundheitsamt
Mo. bis Fr. 8.00 - 12.30 Uhr

TELEX 94684
lkosn d